속속들이 독립출판
알고 보니 의존 출판

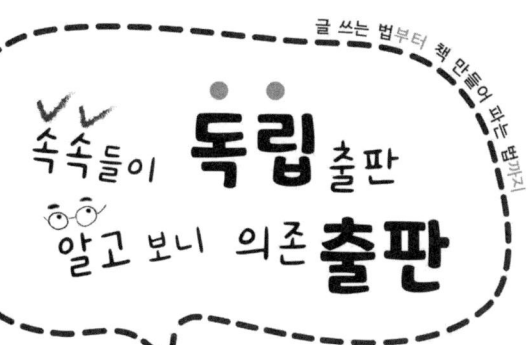

글 쓰는 법부터 책 만들어 보는 법까지

속속들이 **독립**출판
알고 보니 의존**출판**

글·그림
이보현

# 목차

**prologue**

안녕하세요, 쓸 사람입니다     9

**Part 1. 기획**

기획 : 시작이 반이다     22
구성 : 목차 나오면 끝이다     36

**Part 2. 원고 집필**

컨셉 : 어떤 책으로 만들까     54
마감 : 어떻게든 쓰기     62
퇴고 : 어떻게 하면 원고가 더 나아질까     72
정리 : 편집이 쉬워지려면 파일 교정     77

**Additional Part**

함께 쓰기 : 마감이 필요할 땐, 쓸 모임     83

## Part 3. 편집과 디자인

| | |
|---|---|
| 제작비 : 얼마까지 생각하고 있나요? | 90 |
| 자금 조달 : 무슨 돈으로 만들까? | 100 |
| ISBN : 받으면 좋고 없어도 문제없고 | 109 |
| 본문 디자인 : 책의 외모와 인상 | 118 |
| 교정 : 보고 또 보고, 고치고 또 고치고 | 139 |
| 추가 디자인 : 편집과 디자인 끝내기 | 148 |
| 표지 디자인 : 책의 얼굴 | 156 |

## Additional Part

| | |
|---|---|
| 함께 만들기 : 동료가 필요할 땐, 쓴 모임 | 167 |

Part 4. 제작과 마케팅

| | |
|---|---|
| 샘플 제작 : 책의 형태로 확인하기 | 174 |
| 인쇄 발주 : 진짜 책이 나온다 | 180 |
| 홍보 : 책 나왔다고 알리기 | 185 |
| 판매 : 저자 직판과 독립서점 입고 | 190 |
| 북페어 : 팔 기회, 알릴 기회, 만날 기회 | 200 |
| 회계 정산과 재고 파악 : 최소한의 정리 | 213 |

epilogue

많은 이에게 기대어 계속 쓰고 만드는 생활 — 219

prologue

# 안녕하세요, 쓸 사람입니다

"와, 책에 사인하니까 나 정말 작가 같다. 북토크하니 정말 작가님 됐네."
"근데, 작가 맞잖아요. 책이 지금 몇 권인데. 아직도 본인이 작가가 아니라고 생각해요?"

2015년 9월에 첫 책 〈나 혼자 발리〉를 전자책으로 냈다. 아, 맞다. 2010년 독립출판이라는 말이 막 유행하기 시작했을 때, 'KT&G 상상마당 ABOUT BOOKS' 1회가 열렸다. 그때 표지 포함 8쪽짜리 흑백 사진집 〈여행자의〉를 냈고 처음으로 '작가님'이라는 말을 들었다. 내 이름이 적힌 인쇄물을 받아 들고 아쉽고 부끄러웠던 기억이 난다.
해냈다는 사실만으로 뿌듯해도 충분한데 뭘 그리 더 잘하고 싶었는지, 10여 년이 훌쩍 지난 지금 보면 귀엽기만 한데…. 처음 책이라는 걸 만들어본 사람이 이 정도면 잘했지.

〈나 혼자 발리〉로 한국예술인복지재단에 문학인으로 예술 활동 증명을 해 창작지원금을 받고, 2017년에 두 번째 책을 내고서도 작가님이라는 말을 들으면 매우 부끄러웠다. '저자'의 지위를 얻고 싶어서 출판사에서 출간 제안이 왔을 때 기쁜 마음으로 기꺼이 응했고 최선을 다했지만 스스로는 작가 혹은 예술가라 인정하지 않았다. 운 좋게 책을 낸 회사원이라고 생각했다. 생각과 무의식은 또 다른지, 2016년에 먼 미래를 생각하며 '연필농부'라는 출판사를 등록하고 '쓸 사람'이라는 사업체명과 기업 로고를 만들어 두었지만.

뭐든 미리미리 하고, 생각한 건 일단 시작해 보는 성격 덕이지 출판사를 꼭 하겠다고 굳게 결심해서 벌인 일은 아니었다. 내가 하는 일이 다 이런 식이다. 가볍게 생각해서 우선 해보고 어쩌다 보니 제대로 하고 그러다 보면 잘하고 싶어서 열심히 한다. 사업할 생각은 없는데 필요해서 2024년에는 사업자등록까지 했다.

2015년에 〈나 혼자 발리〉를 썼고 2017년에 〈안 부르고 혼자 고침〉을 썼으니 2019년에 '혼자'가 들어가는 세 번째 책을 내고 싶었지만 잘 안됐다. 첫 번째 책도 두 번째 책도 운이 엄청 좋았던 건데 그것도 모르고 세 번째 책이 쉽게 나올 줄 알았다. 계획에 차질이 생기자 흔들리며 살아온 이야기를 '방황 백과사전'으로 쓰고, 독립출판물로 내겠다고 친구들에게 예약 구매 신청까지 받아놓고 흐지부지되었다. 그래도 일기 쓰고 편지 쓰고, 블로그에도 마을 신문에도 글은 계속 썼다.

몇 번째일지 모를 퇴사 후, 뭐 먹고살아야 할지 막막하던 차에 '쓸 사람' 창업할 생각은 꿈도 못 꾸고 다시 회사원이 되었다. 출근을 시작하니 바빠서 계약한 책을 쓰지 못하고, 우울하고 괴로운 회사 생활을 견디기 위한 일기만 잔뜩 썼다. 그걸 또 영상으로 찍어 유튜브에 올리면서 겨우 버텼다. 쓰는 힘, 무언가를 만드는 힘이 있어야 고통으로 가득한 회사원의 삶을 살 수 있었다. '쓸 사람'에는 출판 사업부 '연필농부' 외에도 글쓰기 코칭이나 기획서 작성 등을 대행하는 '우선쓰소' 사업부가 있는데 2020년 6월에 매일매일 '쓰방'을 제작했다. 먹방이 먹는 방송이라면 쓰방은 쓰는 방송이다. 글을 쓰는 손과 글자가 적히는 화면을 동시에 보이도록 분할 편집한 글쓰기 영상이었다.

"우울함을 달래기 위해서 우선 쓰세요, 영상으로 기록하면 조금 재미있지 않을까요?"

나를 고객으로 한 우선쓰소의 첫 번째 서비스였다.

회사를 그만두고서야 2021년에 겨우 〈귀촌하는 법〉을 다시 고쳐 쓰고, 책으로 낼 수 있었다. 직장이 없으니 원치 않아도 전업 작가가 되었다. 전주 완산도서관의 '자작자작 책 공작소'에 입주했다. 등단한 작가에 준하는 작업을 해왔다고 적극적으로 자기소개를 해야 했기에 스스로 본격 '작가'임을 주장했다. 그때부터 작가 정체성을 기반으로

프리랜서로 일했다. 청탁 원고를 쓰고 외주 편집 일도 하고 모임도 꾸렸다. 다양한 지원사업에 신청하고 2022년부터는 메일로 글을 보내는 글 배달 badacmoves를 시작했다. 엄청난 일이 닥치니 쓰지 않으면 견딜 수 없어서, 이사라는 거대한 사건을 건너갈 힘을 얻기 위해 썼다. 어려운 선택 앞에서 결심을 글로 써서 보내버리고 약속을 지키기 위해 움직였다. 매일 쓰는 두 달을 겪어낸 뒤 쓰는 힘이 나를 지탱하는 근간임을 깨닫고 앞으로도 쓰는 사람으로 살겠다고 그제야 비로소 완전히 인정했다. 허튼소리나 의심 없이 그저 노력하겠다고 진심으로 다짐했다. 그 원고로 2023년에 〈이왕이면 집을 사기로 했습니다〉를 펴냈다. 네 번째 단독 저서였다. 그리고 2024년, 출간 계약을 하진 않았지만 내게는 지난해부터 badacmoves를 연재하며 써온 상당한 분량의 〈소탐대전〉 원고가 있었다. 동네 주민이 대전 곳곳을 여행하듯 탐험하며 작은 즐거움을 찾는 이야기로, 이사 온 뒤 지역을 제대로 알고 사랑하고 싶어서 쓰기 시작했다. 그림도 직접 그렸다. 잘 살기 위해 글을 썼고, 쓰고 보니 책이 되면 좋겠다 싶었다. 대전문화재단 예술

지원사업에 신청해 직접 독립출판으로 책을 만들어보기로 했다. 그렇게 4월부터 본격적으로 편집 작업에 들어갔고 7월에 책을 손에 쥐었다.

하는 김에 2022년에 단 한 사람을 위해 만들었던 〈오늘 또 미가옥〉의 개정판도 만들어버렸다. 심지어, 동시에. 이 책은 대전으로 이사오기 전에 사랑했던 동네의 콩나물국밥집에 대한 이야기다. 사랑하기 때문에 쓸 수밖에 없었고 책을 많이 만들거나 팔 생각은 하지 않았다. 내 사랑을 알아 달라고 사장님께 책을 전해드리고 아름답게 이별했다. 그런데 한 권이든 두 권이든 만들기도 팔기도 어차피 힘든 거라면 할 때 같이 하는 게 나을 것 같았다.

편집디자인 프로그램 인디자인으로 책을 만들려는 시도는 2010년부터 반걸음씩 있었다. 회사 동료였던 디자이너의 도움 98%를 받아 〈여행자의〉를 만들었고, 2020년에는 워크숍에 참여해 전자책으로만 출간된 〈나 혼자 발리〉를 세상에 단 하나뿐인 종이책으로, 온전히 나만을 위해 만들었다. 그때 다짐했다. 디자인은 어렵기만 하구나, 앞으로 독립출판물은 절대 만들 일 없을 것이다.

2022년에 전주 평화도서관에서 디자이너 친구 판다와 '독립출판물 제작 워크숍'을 팀티칭으로 진행하면서 재미 삼아 〈오늘 또 미가옥〉의 초판을 만들었다. 기획, 편집 부문의 강의는 내가 하고 디자인, 제작, 유통 부문의 강의는 판다가 했다. 수업 내용을 따라가며 디자인했지만 역시 어려웠다. 독립출판 말고 맨날 의존 출판만 하고 싶다고 생각했다.

　출판사에는 책 만드는 데 전문가인 편집자와 디자이너와 마케터가 있다. 마케터는 책을 알리고 파는 전문가지만 나보다는 책에 대해 전문가일 터다. 내가 만든 책의 만듦새가 그들이 함께 만든 결과물에 못 미치는 건 당연하다. 이미 전문가가 공들여 만들어준 책을 받아본 적이 있어선지, 나는 내 이름이 적힌 책을 손에 쥐는 것만으로는 뿌듯함을 느끼지 못했다. 성취감보다 아쉬움이 컸다. 디자인에 취미가 있어서 책이 어떤 모습으로 만들어질지 상상하면서 기뻐하는 사람도 아니었다. 독립출판을 경험할수록 훌륭한 저자가 되어 천년만년 능력자들이 책을 만들어주면 좋겠다고, 그러니까 더 열심히 써서 잘 쓰는 사람이 되겠다고 다짐했다. 그러나 세상엔 저자가 넘치도록 많아서 내 책을 만들어주겠다는 출판사의 제안을 받기란 쉬운 일이 아니었다. 운이 좋게 네 권이나 출판사와 계약했을 뿐 언제까지 이 행운이 이어질지 모를 일이다. 실제로 〈오늘 또 미가옥〉은 몇 군데 출판사에 투고했다가 거절당했다. 어쩔 수 없는 선택이긴 했지만, 어려우니 하지 말자고 다짐했던 걸 잊고 다시 한번 독립출판에 도전해 보기로 했다. 해보지, 뭐. 안 해본 것도 아니고. 얼마나 어려울지 아니까 이번에는 살살 쉬엄쉬엄해야지.

한숨과 눈물로 만든 책은 여름에 나왔다. 장마가 시작되어 비가 계속 오니 책이 습기에 눅눅해질까 걱정이다. 베란다 실외기실에 쌓아두었던 책 상자를 방으로 들였다. 옷장 속과 책상 아래와 책상 위에 요리조리 쌓아두었다. 책이 나왔다는 사실을 가족과 친구와 적당히 아는 지인과 얼굴만 아는 지인과 SNS의 얼굴도 모르는 친구들을 포함해 닿을 수 있는 거의 모든 사람에게 열심히 알려 주문을 받고 배송하고 출간 기념회와 북토크를 준비했다. '나 혼자 출간'이지만 북토크

때 사회를 봐 줄 친구, 각종 홍보물에 들어갈 그림을 봐주는 친구, 우왕좌왕하는 고민을 들어주는 친구들에게 조금씩 의존한다. 그제서야 책이 나온 게 실감이 나고 대단한 일을 해냈다는 뿌듯함이 든다.

  고마운 친구들의 도움을 받아도 할 일이 많고 힘들고 정신없고 바쁘다. 그러니까 또 쓰기로 한다. 이 순간을 쓰고 싶어졌다. 할 일 목록을 정리하는 마음으로, 한 일을 돌아봤다. 혼자서 책을 쓰고 만들 때 경험한 모든 것에 관해서 쓰자. 어려운 일은 써내야만 조금 쉬워진다. 쓰면서 궁리하고 쓰면서 결정하고 쓰면서 반성한다. 쓰면 기억할 수 있다.

  직접 책을 만드는 건 예상보다 어려웠다. 워크숍에 참여했을 땐 어떻게든 따라가면서 했는데 혼자 그 과정을 해보려니 전혀 기억이 나지 않았다. 벌써 세 번째니까 할만 할 거라고 생각했는데 여전히 어려웠다. 순서는 헷갈리고 시간이 갈수록 의욕은 떨어졌다. 길을 잃은 기분이었다. 출판의 과정 전체를 이해하고 도대체 지금 내가 어디쯤에서 어떤 일을 하고 있는지 알고 싶었다. 중간 중간 막히는 부분이 생길 때 인디자인 매뉴얼을 찾아볼 순 있겠지만 그건 어느 정도 할 줄 아는 사람에게 필요한 도움이다. 뭐가 뭔지 감조차 잡히지 않는 거대한 일 앞에서는 별것 아닌 것처럼 누군가 경험을 나눠주면 할만한 일처럼 느껴지곤 했다. 그래서 처음부터 끝까지 내가 겪은 책 만드는 과정을 이야기로 만들고 싶었다. 읽기만 해도 머릿속으로 함께 책을 만드는 기분이 들도록 자세하게 썼다. 처음 책을 만들어본 입문자의 관점에서 '독립출판으로 책 내는 법'을 정리했다. 너무 어렵거나 이해하기 힘든 내용은 책을 만드는 데 필요한 만큼, 내가 이해한 만큼만 풀어서 썼다.

  책을 내기로 마음먹고 글을 쓰는 시작 단계부터 쓰기 싫어도 쓰는 마음과 고치고 고치면서 글을 더 낫게 만드는 괴로운 시간, 책으로 만들기 위해 글을 매만지고 프로그램을 사용해서 디자인을 하고 인쇄소에 제작을 맡기고 책을 받아서 판 경험까지 담았다. 기획부터 집필, 편집 디자인과 제작 마케팅까지 독립출판에 대해 전혀 모르는 사람이 이해할 수 있도록 정확한 숫자로 구체적인 예를 들어 설명했다. 책 만드는 법을 까먹을지도 모를 미래의 나에게 보내는 편지이자 처음으로 직접 내 책을 만들고 싶은 사람에게 보내는 응원이다. 원고만 있다면 당신도 책을 만들 수 있다. 원고가 없다면?

"우선 쓰소!"

# Part 1. 기획

# 기획 : 시작이 반이다

**어떤 이유로든 책 내고 싶은 마음을 환영합니다**

아빠는 자서전을 내고 싶어 하셨다. A4용지에 당신의 가족 이야기부터 힘들게 학교 다니고 취직해서 결혼하고 자식 키운 이야기를 손으로 꾹꾹 눌러썼다. 환갑 잔치 때 몇 권만 만들어서 가족끼리 나누어 갖자고 하셨는데 사는 게 바빠서 살아계시는 동안 그 바람을 못 이뤄드린 게 내내 마음이 걸린다. 엄마는 너희 아빠 고생한 이야기를 책으로 쓰면 한 권이야, 라고 말하곤 했는데 아빠 돌아가신 뒤에 지나가는 말로 당신도 자서전을 쓰고 싶다고 했다. 엄마의 인생이라고 책이 되지 못할 리가 있나. 한 사람 한 사람의 인생은 모두 책이 될 것이다. 언젠가 두 분의 이야기를 꼭 책으로 만들겠다고 일단 여기에라도 써둔다.

꽤 많은 사람이 자기 책을 갖고 싶어 한다. 자기 책이 아니면 가족의 책이라도. 육아일기를 책으로 만들어 성인이 된 자녀에게 선물하거나 생신을 맞이한 모부를 위해 자서전이나 사진집을 만드는 일은 제법 흔하다. 저자가 되어 자랑하고 싶은 마음이든, 책이라는 형태로 이야기를 묶어 정리해서 갖고 싶은 마음이든, 내 이야기를 세상에 내놓고 싶은 마음이든, 책을 내고 싶은 마음은 언제나 환영이다. 아까운 나무를 버렸구나 싶을 때도 있지만 섣불리 이런 것도 책이라고 만들었냐 같은 생각은 하지 않기로 했다. 책을 만든 사람은 다 그럴만한 이유가 있을 것이다. 자신의 이야기를 자식에게 책으로 전해주고 싶었던 아빠의 마음을 이해하기 때문이다. 자녀가 기억하지 못하는 어린 시절의 모습을 책으로 남겨 두길 바라는 사랑을 이해하기 때문이다. 그냥 단순하게 나 책 낸 사람이야, 자랑하고 싶은 마음도 이해하기로 한다. 더 나쁜 짓으로 인간을 포함한 세상 모든 존재에게 피해를 주는 일이 허다한데, 그런 허영심 정도는 귀엽다. 그나저나 큰언니가 엄마 팔순 때 엄마 책을 내자고 하는데….

**#자비출판 #기획출판 #상업출판 #기성출판 #독립출판**

 어떻게든 책을 내고 싶어서 어떤 이는 자비출판이라는 방식을 택한다. 돈과 원고만 있으면 된다. 원고가 없어도 되긴 하겠…지만 대필 작가의 세계는 내가 모르는 영역이라 언급하지 않겠다. 내가 이해하고 있는 선에서 자비출판에 대해 말하자면, 책 만드는 데 필요한 제작비를 저자가 부담하는 방식이다. 책이라는 상품으로 이익을 남기기 어려워 영세한 출판사는 자비출판을 일종의 사업 분야로 여긴다. 이를테면 출판 대행이다. 저자가 원고를 가져오면 편집하고 디자인해서 책으로 만들어주고 서점에도 넣어준다. 오프라인 서점에 직접 책이 깔리기는 어렵겠지만 온라인 서점에 등록해서 구매할 수 있게는 해준다. 저자는 나 서점에서 파는 진짜 책을 낸 작가야, 하고 자랑할 수 있다.

 자비출판이 아닌 책, 서점에서 살 수 있는 보통의 책은 출판사에서 이 저자의 이런 책을 만들면 팔릴 것이다, 혹은 팔리지 않더라도 다른 이유로 꼭 책으로 내야 한다고 여기면 출간을 결정한다. 출판사에서 인세를 포함한 제작비를 원가로 산정하고 책을 만든다. 저자는 얼마 되지 않지만 인세(보통 책 가격의 10%)를 수입으로 얻는다. 자비출판을 주로 하는 출판사에서도 이런 기성 방식의 출판을 하기도 하는데, 자비출판과 구별하기 위해 기획출판이라고 부르는 것 같다. 출판사를 통하지 않고 직접 책을 만드는 독립출판에 대응하는 개념으로는 상업출판이나 기성출판이라 하기도 한다. 자비 반 기획 반으로 제작비를 저자가 부담하되 팔리는 만큼 인세 정산을 받는 방식도 있다고 한다. 상업출판에서 출판사는 팔릴만한 원고를 찾는다. 블로그나 인터넷 게시판의 인기인, 이미 팬이 많은 유튜버나 SNS의 인플루언서, 필력과 인지도가 보장된 기성 작가, 책을 한 권이라도 낸 저자의 연재 원고 등을 탐색한다.

 책을 낸 적 없는 예비 저자는 진짜 저자가 되기 위해 책을 내줄만한 출판사를 찾는다. 출판사에 내 원고로 책을 내주십사 투고도 한다. 투고가 출간으로 이어질 가능성은 작은데 투고를 적극적으로 기다리는 출판사는 책의 판권면에 안내가 되어 있으니 그런 곳 위주로 시도하는 게 좋겠다. 평소에 좋아하는 출판사, 꼭 책을 내보고 싶은 출판사에 투고해서 책이 나오는 경우는 정말이지 극히 드물다. 〈오늘 또 미가옥〉의 원고를 출판사 여러 곳에 보내 모두 거절당하고서야 안 사실은 아니었다. 출판사에서 편집자로 일하던 시절에도 투고 메일에 거절 답장을 보내는 게 일이었기에 무작정 대표 메일로 원고를 보낸다면 제대로 읽히지 않을 걸 알았다. 이 원고에 관심이 있을 법한 출판사에, 친분이 있거나 아는 사람을 통해 소개받은 편집자에게 원고를 전달했음에도 책을 낼 기회를 얻지 못했다. 이제껏 책을 출간할 때는 원고를 쓰고 다 쓴 원고를 여러 번 고쳐 쓰느라 힘들었지, 출간 계약을 그리 어렵게 하진 않았다. 그동안 얼마나 운이 좋았는지 뒤늦게 알 수 있었다. 그래서 〈소탐대전〉은 출판사에 원고를 보내볼 생각도 안 했다. 이렇게 지역성이 강한 원고에 관심을 가질만한 출판사가 떠오르지 않았고, 직전의 거절로 자신감이 많이 떨어진 상태였다. 그렇다면 남은 방법은 독립출판.

독립출판은 저자가 직접 책을 만드는 거다. 독립서점이나 독립출판 북페어에서는 작가라는 말만큼 제작자라는 말도 많이 쓴다. 그만큼 직접 만드는 데 의의를 두는 것 같다. 책을 내고 싶은 사람이 글을 쓰고 편집하고 디자인해서 인쇄를 맡긴다. 직거래든 독립서점 거래든 판매도 직접 한다. 온라인 서점에 등록하는 일도 쉽진 않지만 아주 못할 정도는 아니고, 그 부분만 대행해주는 곳도 있다.

그렇다, 남이 내 책을 만들어주지 않는다면 직접 만들자. 내가 누구냐, 집수리도 직접 하는 〈안 부르고 혼자 고침〉의 저자, 경험주의자 직접 언니가 아니더냐. 책도 한번 만들어보지, 뭐. 아빠나 큰언니가 나한테 하듯 어디 알아서 책 좀 한번 만들어봐라, 하고 시킬 사람도 없으니까. 기꺼이 연필농부의 첫 번째 의뢰인이 되기로 한다. 이런 날이 올 줄 알고…는 아니었지만 출판인이자 작가로서 독립출판에 대해 알고는 있어야 할 것 같아 워크숍에서 책도 두 번이나 만들어봤잖니, 할 수 있단다. 그때 만든 책, 나쁘지 않았어. 아니 잘했어. 워크숍 강사님도 현업의 출판 편집자도 내가 만든 책 보고 돈 받고 남의 책 대신 만들어 주는 일 해도 될 실력이라고 했어. 나는 출판사에서 책을 네 권이나 낸 저자고, 출판사에서 편집자로 일한 적도 있고, 독립출판 제작 워크숍 강의까지 한 사람이야. 책이 만들어지는 과정도 알잖아. 복잡할 건 없다.

  원고 마감을 한다. 원고를 수정하고 구성을 조정해서 원고를 다듬는다. 인디자인 프로그램을 이용해서 그 원고로 내지(본문)와 표지 디자인을 한다. 교정지를 뽑아 교정을 본다. 교정을 여러 번 본다. 인쇄를 맡긴다. 책이 된다. 그 책을 받아서 판다.

  별거 없네. 진짜?

  말이 쉽지, 쉬운 일은 아니다. 그나마 저자와 편집자 경험은 있어서 어려워도 할 만했지만 디자이너의 영역은 정말이지 한숨만 나왔다. 저자의 입장으로 원고를 쓰고 책을 상상할 때보다 훨씬 입체적으로 책을 생각해야 했는데 그걸 제가 잘 못해서 아주 고생이 많았답니다. 〈오늘 또

미가옥〉과 〈소탐대전〉을 만들고 나니 역시 다시는
독립출판을 안 하고 싶지만, 시간이 지나면 왠지 또 하고
있을 것 같으니 다음엔 더 잘해야지 하는 마음으로 속속들이
다 적어두기로 했다.

## 어떤 책을 만들고 싶은가요?

 책을 낼 때는 글을 쓰다 보니 원고가 생겨서 내게 되는
경우와 책을 내기 위해 계획하고 원고를 쓰는 경우로
나뉜다. 후자에는 적극적인 기획이 들어가는 셈이다. 내가
쓰고 만든 책은 글만 있거나 그림이나 사진을 포함하는 글
위주라서 그림책이나 사진집처럼 이미지가 중심인 책과는
다를 수 있다. 그렇지만 글이든, 그림이나 사진이든 출판을
위한 콘텐츠로서의 원고라는 점은 같다. 그림이나 사진이
많아서 책으로 엮어보자 할 수도 있고, 책으로 만들기 위해
이미지를 수집할 수도 있다.
 전자도 기획이 필요하다. 출간을 염두에 두지 않고
쌓여있기만 한 원고는 목차를 수정하거나 책의 컨셉에 따라

구성을 새로 해 원고를 보완해야 한다. 〈오늘 또 미가옥〉과 〈소탐대전〉은 계속 써온 글이 있어서 책으로 엮어볼 마음을 낼 수 있었다. 반면 이 책 〈속속들이 독립출판 알고보니 의존출판(이하 속속독)〉은 책을 내기 위해 기획하고 목차를 정해 원고를 썼다.

 기존에 출판사와 함께 만들었던 책도 마찬가지다. 〈안 부르고 혼자 고침〉은 생활 기술 워크숍 신문 기사를 보고 편집자가 생활 기술에 관한 책을 내자고 제안해주어 이리저리 궁리해서 목차를 짜 원고를 쓰기 시작했다. 〈나 혼자 발리〉 〈귀촌하는 법〉 〈이왕이면 집을 사기로 했습니다〉는 이미 써놓은 글을 토대로 출간 계약을 했다. 그리고 거의 다시 쓰는 수준으로 여러 번 고쳤다. 어떤 컨셉으로 책을 만드냐에 따라 최초의 원고는 숫자뿐인 측정값, 가공되지 않은 데이터에 가깝기 때문이다. 원고가 있어도 없어도 기획에 맞게 원고를 생산해야 한다는 점에서 결국 한 번은 구조화 과정을 지나야 할 것이다. 이미 원고가 있으면 수월한 것처럼 여겨지는데 수정과 보완이 쉬워서는 아니다. 어떨 땐 새로 쓰는 게 훨씬 쉽다. 그래도 자꾸 보고 또 고치고 다시 쓰고 여러 번 봐야 원고가 좋아지니까, 한 번 해봤다고 두 번째는 할만하니까, 아무것도 없는 상태에서 쓰는 것보단 뭐가 있으면 해볼 만한 마음이 든다.

 책을 내고 싶다면 막연하게나마 어떤 내용을 책으로 만들지에 대해서는 생각해…봤겠죠? 요즘 가장 많이 하는 생각이나 할 말이 많은 주제가 책이 된다. 예를 들면 인생을 돌아보는 자서전, 여행을 추억하는 책, 특별한 사건이나 시간에 관해 쓴 책, 친구나 연인이나 가족처럼 사랑하는 누군가 또는 무언가에 관해 쓴 책이 가능하다. 혹은 지긋지긋한 무엇, 특별한 관계를 맺는 대상, 좋아하는 곳, 일이나 취미와 특기에 대해서, 힘든 일을 지나온 과정에 관한 이야기도 쓸 수 있다. 무엇이든 책이 될 수 있다.
 완성될 책을 상상하며 책 소개 글을 써보는 것도 도움이 된다. 이미 나와 있는 책 중에서 비슷한 내용이나 컨셉을 가진 책을 살펴보고, 내가 만든 책이 어떤 독자들에게 가 닿을지 예측해봐도 좋겠다. 내가 하고 싶은 이야기가 무엇인지, 왜 이 이야기를 하고 싶은지에 집중하면 된다.

누군가는 독자들이 좋아할 이야기를 쓰고 책으로 내야 한다고 하지만 그게 뭔지도 모를뿐더러 그러려고 독립출판씩이나 하는 건 아니니까. 잘 팔리면 좋겠지만 내가 만들고 싶은 책이 나답지 않더라도 잘 팔리는 책인지, 나를 그대로 드러내는 책인지 만드는 사람은 알고 있겠지요. 그 둘의 타협점을 찾는 것도 본인 몫이다. 잘 팔릴 것 같은 책이 실제로 잘 팔린다는 보장도 없다.

 나에게 책의 시작은 기성출판이든 독립출판이든 언제나 쓰고 싶은 이야기였다. 하고 싶은 이야기가 여럿이라면 사람들이 궁금해하고 흥미를 끌 만한 것으로 골라도 좋다. 독자의 반응이 책을 쓰고 만드는 데 힘이 되는 건 사실이니 주변 사람에게 의견을 물어보자.


 책을 만들기 위해서는 거칠게 구분해서 내용과 형식이 정해져야 한다. 내용의 구성 방식과 문체도 넓은 의미에서는 형식이지만, 여기서는 글과 사진 같은 원고만 내용이라고 칭해보자. 형식은 책의 꼴이다. 작고 귀여운 책이어서 가볍게 읽을 수 있으면 좋겠다든지, 묵직한 느낌 또는 단순하고 세련된 느낌의 디자인이면 좋겠다든지 하는 책의 크기(판형)와 스타일을 포함한다. 책의 얼굴이 되는 표지가 특히 중요한데, 평소에 좋아하는 책의 디자인이나 분위기를 잘 기억했다가 참고하는 게 좋다.

  책을 만들기로 결심한 순간부터는 구체적으로 책의 꼴을 상상해보자. 모든 일이 그렇듯 다양한 분야의 협업이 필요할 때는 초기부터 기획 의도와 컨셉을 공유해야 좋은 결과물이 나온다. 내가 출판사라고 상정하고 저자, 편집자, 디자이너, 마케터가 초기 기획 회의부터 같이하는 거다. 이러이러한 내용으로 글을 쓰고 그림을 그리겠다는 저자 자아와 편집 방향과 디자인 컨셉을 정하는 편집자와 디자이너 자아, 향후 책을 어떻게 팔면 좋을지 사은품 굿즈나 입고 서점을 미리 둘러보는 마케터 자아까지 다양한 역할로 동시에 활약해야 한다.

  글을 써서 편집자에게 넘기기만 하면 그 뒤로 크게 신경 쓸 게 없던 저자 자아가 강력해서인지 막상 편집 및 디자인 단계가 되니 뭐부터 해야 할지 몰랐다. 독립출판물 제작자의 강연이나 북페어, 독립서점 북토크 행사를 다니면서 분위기

파악을 한다고는 했는데도 무척 부족했다. 기성출판물이든
독립출판물이든 다양한 책을 접하되, 전처럼 단순히
독자로서 책 재미있고 예쁘고 보기 좋네, 에서 한 단계 더
나아가 왜 이 책이 좋은지, 내가 어떤 점을 좋아하고 있는지
이유를 찾아내야 내 책을 만들 때 편집자 자아와 디자이너
자아가 도움을 받을 수 있다. 책의 모습을 자세하게
그려봐야 훗날이 편하다. 표지 디자인이나 판형, 읽기
편하거나 마음에 드는 서체, 구체적인 목차나 제목의 디자인
형태, 본문 내용의 구성을 전문가의 마음으로 분석한다.

[참고] 본문
앞으로 '본문'이라는 말이 여러번 나올 텐데, 상황에 따라 지칭하는
범위가 다르다. 표지와 대응해서 설명할 때는 내지 전체를 말하고,
한 꼭지의 글을 이야기할 때는 제목이 아닌 글의 본 내용을 말한다.
머리말과 차례, 판권 등 부속 내용과 대조해서 이야기할 때는 본문
꼭지글 전체를 칭하기도 한다. 다르게 표현할 방법을 못찾기도
했고, 맥락에 따라 이해하기 아주 어렵지는 않아 그렇게 썼다.
죄송하지만 찰떡같이 알아들으시겠죠?

**잘 익은 글감을 따와서 글을 씁시다**

# 구성 : 목차 나오면 끝이다

**글 쓰기와 책을 위한 원고 생산은 무엇이 같고 다를까요?**

며칠 전 친구 귀뚜라미가 "인간관계도 그렇고 요즘 생활도 그렇고 마음이 복잡하여 글을 쓰고 싶은데, 글 쓸 때 주제가 있는 게 좋을까? 그냥 쓰고 싶은 걸 쓰는 게 좋을까?" 하고 물었다. 좋은 답을 주고 싶어서 오래 생각해봤다.

나와 글쓰기 공부를 하는 개구리는 그때그때 떠오르는 생각이나 일어났던 사건을 중심으로 글을 써왔다. 경험, 생각, 느낌을 쓰는 생활 글에서는 무엇이든 소재가 된다.

밖에 나가지 않고 아무 일도 하지 않은 날에는 그날의 무기력에 관해서 쓰고, 누군가를 만나 기쁘거나 화난 순간을 시작으로 나의 마음 상태나 인간관계에 대한 단상을 쓸 수도 있다. 글쓰기에 익숙해지자 개구리는 글감이 있다면 쓰기가 더 수월할 것 같다고 말했다. 나는 개구리의 일상과 근래 고민을 알고 있기에 행동이나 풍경을 시각적으로 묘사하기, 비교하며 쓰기, 강조하며 쓰기, 설명하고 설득하기, 추상적인 감정을 구체적으로 표현해보기, 과거의 경험과 현재를 연결하는 쓰기를 연습할 만한 소재를 골라보았다. 평소에 개구리가 많이 하던 이야기 중에 스스로 주제를 정해 쓸 수 있을 법한 것으로 골랐다.

  귀뚜라미의 질문에는 이렇게 답했다. 주제를 정해 쓰고 싶다는 마음이 든다는 건 이미 머릿속에 할 이야기가 가득 차 있는 상태일 가능성이 높다. 정리되지 않은 채로 글감이 여기저기 놓여 있을 것이다. 할 말을 쏟아내는 심정으로 나열하다 보면 자연스럽게 갈래가 생기고 내용이 구성된다. 그걸 좀 다듬으면 일관된 주제로 묶을 수 있고, 좀 더 정리하면 글의 순서 즉 책의 목차가 된다. 시간 순서나 공간의 구조, 생각이나 감정의 이동 방향처럼 자신만의 기준으로 내용을 덧붙여 간다. 이런 방식이 너무 어렵게 느껴진다면 우선 쓰소. 쓰고 싶은 걸 쓰면 된다. 쓰다 보면 관심이 어디로 치우쳐 있는지 자연스럽게 알게 된다. 잘 모르겠다고? 그래도 그냥 쓰면 된다. 어떤 때는 질보다 양이 중요하다. 많이 쓰면 좋아진다. 이렇게 원고가 쌓이면 앞서 말한 것처럼 원고가 준비된 상태에서 책 만들 준비를 할 수 있다. (아마 다시 써야 하겠지만)

 책을 위한 글쓰기가 그냥 글쓰기와 다른 건 책에 포함된 모든 글이 긴 호흡으로 한 방향을 향해 가야 한다는 점이다. 대략적으로나마 어떤 책을 어떻게 만들지 결정했으므로 주제에 맞춰 일관성 있는 글을 쓰자. 그렇지만 또 거기에 너무 집착해서 앞뒤 양옆을 못 보는 것도 재미없다. 독립출판이 뭐냐, 만드는 사람 마음대로 할 수 있는 거다. 기세가 중요하다. 분량이 모자라면 모자란 대로, 이리저리 내용이 널뛰면 널뛰는 대로 두는 게 독립출판물의 매력이기도 하다. 다만 나는 옛날 사람이라 얇고 작은 걸 특징으로 내세울 게 아니라면 어느 정도 분량은 되어야 책처럼 보이기는 하더라. 아무리 얇아도 100쪽은 넘어야 하지 않나 싶다. 글이 완벽하게 한 방향을 향해 가지 않는 것처럼 보여도 주제에 맞는 글만 고르거나, 배치를 달리하거나, 비는 부분을 연결하면서 어느 정도 해결할 수 있다. 방향 설정이 기획이라면 조정과 보완은 편집이다. 그리고 앞으로도 계속 강조할 텐데, 기획은 기세다. 얇디얇은 책도 괜찮다.

  책의 내용을 구상하고 원고를 쓰는 작업은 창작, 즉 예술의 영역이므로 쓰는 사람이 세운 기준에 맞는 완결성을 가지면 된다. 내가 그렇다는데, 그렇게 믿고 썼다는데, 이게 나고, 내 작업이고, 예술이다! 자신을 믿고 우기시라.

## 목차 먼저 짜놓고 쓰실래요, 쓰면서 짜실래요?

〈소탐대전〉은 목차를 짜놓고 시작하지 않았다. 매주 뉴스레터로 보내는 연재물이었기에 마감 전날 으약 오늘은 도대체 뭘 써야 하나 고민하면서 후다닥 소재와 주제를 정했다. 대전 구석구석을 작게 탐험하는 동네 여행기라는 컨셉만 정해놓고 장소는 발행일에 임박해 정했다. 처음부터 책을 만들 생각을 하고 지역별로, 소개할 곳의 특징별로 나누어 순서대로 겹치지 않게 장소의 리스트를 만들어 놓았으면 좋을 뻔했다. 그래도 뭐라도 하는 게 안 하는 것보다 낫다는 마음으로 그냥 쓰고 모아놓은 20개의 글로 책을 만들었다. 순서만이라도 바꿔서 분류를 해보려고 했지만 매주 쓴 글이라 앞뒤가 연결되기도 하는 바람에 그냥 두었다. 원고를 다듬고 뭔가 더 재미있게 구성할 수 있을까 고민하면서 머리말과 기존 본문과 성격이 다른 원고를 몇 꼭지 써서 중간중간 덧붙였다.

  제목이 달린 하나의 글을 보통 한 꼭지라고 칭한다. 목차에서 부나 장을 제외하고 쪽수가 표시된 글의 제목이 보통 하나의 꼭지다. 꼭지가 길어지거나 내용 구분이 필요할 때는 글 중간에 소제목을 달기도 한다. 목차에 소제목까지 포함할지 말지는 책의 성격과 분량을 보고 선택하면 된다.

  〈소탐대전〉 초고를 그대로 책으로 만들면 자칫 지루해질 수 있다. 내용 전개에 강약의 리듬이 없는 듯해서 밖을 둘러보는 대전 여행기 사이에 여행하는 사람의 안을 살펴볼 수 있는 내용을 추가했다. 추가 원고의 제목과 순서는 쓰기 전에 미리 구성했다.

 [머리말] 대전을 쓰는 마음
 - 쓰는 사람의 속 사정
 - 그리면서 든 생각
 - 소재 고갈에 임하는 자세
 - 독자를 향한 고백

〈오늘 또 미가옥〉은 사랑에 빠져 정신을 못 차리는 연애 초기처럼 미가옥 콩나물국밥에 한창 빠져있을 때 떠올린 거라 쓸 게 너무너무 많았다. 매일 매일 새로운 매력을 발견했고 다양한 방면에서 할 이야기가 떠올랐다. 모든 사람의 인생이 책이 되듯, 무엇이든 깊게 들여다보면 책을 쓸 수 있다. 이야기는 다 연결된다. 식성, 취향, 노동, 친구, 가족, 성격, 관성, 오해, 선입견 등 대략적인 글감을 추렸다. 다음은 당시 만들었던 목차안과 출간된 책의 목차다.

## 초기 〈미가옥 책〉 목차안

- 첫술에 반한 사랑
- 콩나물국밥을 먹다가 세월을 느끼는 마음
- 콩나물국밥 별로던데, 라고 말하던 과거의 나에게
- 난 콩나물국밥 제일 싫어, 라고 말하는 너에게
- 밥 먹으러 얼마나 멀리 갈 수 있을까?
- 하루에 몇 번, 연속 몇 끼나 먹을 수 있을까?
- 매일 매일 가면 창피할까? 주 몇 회까지 가능?
- 콩나물국밥 덕분에 영어 공부도 하고, 그림 연습도 한다
- 미가옥 콩나물국밥 먹는 법, 군더더기 없는 조리 과정 관찰기
- 내 친구에게 콩나물국밥 소개하던 날
- 갈 수 있을 때 매일 가는 게 나을까, 질리지 않게 아껴서 가는 게 나을까
- 미가옥 지점별 차이 : 전주, 완주, 군산, 익산 맛집 비교
- 지역 주민이 가장 사랑하는 콩나물국밥집은?
- 허탕 친 날의 기분, 만약을 대비하는 자세를 배우다

〈오늘 또 미가옥〉의 목차

[여는 글] 뜨끈한 사랑 이야기

- 사랑에 빠진 날

- 어떻게 사랑을 계산할 수 있습니까

- 너무 사랑하니까 거리 조절

- 미가옥을 사랑하는 법

- 사랑이 나를 움직이게 해

- 내 사랑을 강요할 순 없겠지

- 사랑을 나누고픈 마음

- 너는 사랑을 아직 몰라

- 네 사랑도 귀한 것을

- 사랑하는 자의 의무

- 사랑이 멀어졌습니다 : 롱디

- 사랑은 그렇게 변하지

- 이 사랑은 리필이 됩니다

- 예측할 수 없는 사랑의 현현

- 각기 다른 사랑의 모양

[닫는 글] 오늘은 어디에서 콩나물국밥을 먹을까

[부록 1] 넓은 세상 여러 사랑의 맛
- 묘하게 어긋난듯 어울리는 맛
- 어수선하고 다정한 맛

[부록 2] 미가옥 방문 일지

처음부터 완벽한 목차를 만들 수는 없지만 시간순이나 공간순, 마음이 변하는 순서 등 자신만의 기준으로 대략적인 목차를 짜놓아야 원고를 쓰기 편하다. 나는 생각이 닿는 대로 하고 싶은 말을 주욱 나열해보고 분류하고 순서를 정한다. 카테고리를 먼저 정해놓고 그 안에 내용을 채우는 방식도 가능하다. 〈속속독〉은 과정을 따라 이야기를 풀어내는 책이라 기획-원고 집필-편집과 디자인-제작과 마케팅으로 단계를 구분하고 각각의 단계에 해야 할 일을 떠올리며 목차를 완성했다. 무슨 말을 먼저 해야할지 떠오르지 않을 때는 비슷한 주제의 책을 참고해서 남들은 어떤 순서와 내용으로 썼나를 살펴보는 것도 좋다. 쓰다

보면 당연히 목차는 조금씩 변한다. 글은 다음 글을
자연스럽게 끌고 온다.

### 하루에 얼마나 써야 할까요?

 하루에 몇 자 이상 몇 시간 이상이라는 기준을 정해두고
무조건 쓸 수만 있다면, 앉기만 하면 술술술 원고가
써진다면 얼마나 좋을까. 작업 시간은 머릿속으로 뭘 쓸까
생각을 굴리는 시간, 써야지 다짐하고 책상 앞으로 가서
앉는 데까지 걸리는 시간, 컴퓨터를 켜거나 공책을 펴고
한참 딴짓을 하다 첫 문장을 쓰기 시작할 때까지 걸리는
시간을 모두 포함한다.

 한 번에 얼마나 오래, 어느 정도 분량의 글을 쓸 수 있는지
본인의 상황을 먼저 점검해보자. 어학 학원에서 레벨
테스트를 하듯이 샘플로 한 꼭지의 글을 쓰는 데 걸리는
시간을 확인한다. 기획, 구상, 글쓰기, 퇴고를 포함해 며칠이
걸리는지, 첫 문장을 쓴 뒤 글 한 편을 완성하기까지 몇
시간이 걸리는지 본다. 샘플을 통해 생산 속도를 측정하는

것이다.

  내 경우에는 하루이틀 정도 다른 일을 하면서 틈틈이 뭘 쓸지 고민한다. 쓰는 날을 하루 정해서 인터넷 검색이나 참고도서로 자료를 조사하고 바로 이어서 글을 쓴다. 정체 없이 집중해서 쓰면 2천 자에서 3천 자 사이의 글 하나를 쓰는 데 서너 시간이 걸린다. 당연히 다음날까지 이어지기도 한다. 주 5일 근무라고 치면 이틀 구상하고 하루 그림 원고 하고 이틀 글 원고를 쓴다. 주간 뉴스레터를 발행하면서 생긴 리듬이다. 한 시간씩 5일 동안 모은 5시간보다 통으로 쓸 수 있는 2~3시간이 작업용으로 좋다. 일정이 없는 날을 글 쓰는 날로 정하거나 글 쓸 시간을 빼놓고 약속을 잡으려고 한다. 물론 잘 안 된다. 딱 맞는 작업 스타일을 아직도 찾지 못해서 아침에 일어나자마자 맑은 정신으로 글쓰기를 하는 게 좋은지, 밤늦은 고요한 시간이 좋은지 그때그때 다르다. 그저 되는대로 열심히 한다. 직장에 다니며 출근 전이나 퇴근 후 또는 점심시간에, 육아를 하며 아이가 잠든 밤이나 새벽에 글을 쓰는 작가는 정말 대단하다.

하루에 몇 자를 쓸지, 일주일에 몇 꼭지를 쓸지 본인의 생산 속도와 마감일을 고려해 계획을 세운다. 나는 단행본 마감을 할 때도 일주일에 한 번씩 마감하는 식으로 최종 마감일로부터 앞 날짜로 헤아리며 전체 원고를 소분한다. 10꼭지의 글이 필요하면 10주로 계산해서 하루에 한 꼭지씩, 5주 밖에 시간이 없다면 일주일에 두 꼭지씩 마감한다. 그렇다면 하루에 써야 할 분량이 나온다. 도저히 내 성능으로 일주일에 두 꼭지를 쓸 수 없다면 작업 기간을 늘리든지, 전체 분량을 줄이든지 해야 한다. 근력 운동을 할 때 자신이 할 수 있는 운동량보다 살짝 무리해서 계획을 세우라고 하는데, 원고는 최대 생산성의 80% 정도를 기준으로 정해야 한다. 100~120%를 끌어다 쓰면 다음날 생산성이 현저히 떨어진다. 창작하는 일은 생각보다 에너지 소모가 많다.

책을 만들기 위해 글을 쓰고 그림을 그리고 사진을 찍는 등 원고를 생산하고 있다면 능력에 맞는 일주일 단위 생산목표량을 정해서 하루나 이틀 정도 집중할 수 있는 시간을 확보한다. 초기에는 습관을 기르기 위해서 매일

30분씩이라도 꾸준히 쓰는 게 좋다. 한 번 쓸 때 2천 자 정도로 긴 글을 쓸 수 있게 연습한다. 할 수만 있다면 매일 2천 자씩 쓰면 좋겠지만 나도 그렇게는 못 하고 있다. 너무 큰 목표를 세우지 말라고 방금 말해놓고 또 욕심부려 계획을 세웠다. 매일 500자 이상씩 쓰기로 조정해야겠다.

마음에 들지 않는다고 글을 마무리하지 못하면 절대 책을 완성할 수 없다. 정말 안 써지네, 못 쓰겠다 싶어도 우선 분량을 채운다. 그리고 퇴고한다. 이번에도 명심해야 할 말은 우선쓰소!

### 직접 찍은 사진과 그림을 넣고 싶다고요?

사진을 넣는다면 컬러 인쇄를 고려해야 한다. 인쇄용 이미지는 CMYK 모드로 작업하는데, 알파벳 글자는 각각 한 가지 잉크색을 나타낸다. 쉬우면서도 전문적으로 설명하면 좋은데, 잘 모르는 분야라 원리나 개념에 대한 이해보다는 책을 만들 때 알아야 할 내용이나 방법만 언급하려고 한다. 네 가지 잉크를 다 이용해서 풀컬러로 인쇄하는 걸 4도 인쇄라고 하고, 검은색(K)만 쓰는 걸 1도라고 한다. 4도 인쇄라고 4가지 색만 나오는 건 아니다. 빛의 3원색, 색의 3원색 배웠지요? 섞으면 모든 색이 된다. 또 검은색과 다른 색을 사용하는 걸 2도 인쇄라고 한다. 책에 녹색, 파랑, 분홍, 보라, 갈색 등 풀컬러는 아니지만 검은색 외 한 가지 색이 쓰인 걸 본 적이 있을 것이다. 금색이나 형광색처럼 CMYK로만 표현하기 힘든 색은 별색을 따로 사용한다고 한다. 처음에는 4도 컬러로 할지 1도 흑백으로 할지만 정해도 충분하다.

 1도나 2도 인쇄로 사진이 들어간 책을 만들기도 한다. 책의 컨셉과 예산에 맞게 결정하면 된다. 그림도 마찬가지다. 흑백 인쇄된 사진과 그림도 나름의 매력이 있다. 특히 그림은 1도 인쇄를 고려해 검정색으로만 그려도 줄무늬나 체크무늬처럼 패턴을 이용해 색의 대비로 효과를 줄 수 있고, 검정, 연한 검정, 회색, 흐릿한 회색 등으로 명암을 이용해 제한된 조건에서 다채롭게 표현할 수 있다. 흑백 만화를 생각하면 이해하기 쉬울 것이다.

 그림을 그릴 때부터 판형에 맞는 그림의 크기를 고려하자.

실제 책에 들어갈 크기보다 그림이 너무 크거나 작으면 안 된다. 크게 그린 걸 너무 많이 줄이면 찌그러지고, 작게 그린 걸 키우면 흐릿해진다. 아이패드를 이용해서 그림을 그린다면 파일을 생성할 때부터 그림 크기는 실제로 사용될 크기보다 조금 더 크게, 해상도는 300 이상, CMYK 모드 설정을 잊지 말자.

**글감을 골라 잘 분류하면 목차가 됩니다**

# Part 2. 원고 집필

# 컨셉 : 어떤 책으로 만들까

## 내용에 맞는 책의 꼴이 정해져 있나요?

꼭 그렇게 하라는 법은 없지만 서점에 나와 있는 책을 보면 어느 정도 분류는 된다. 단순하게 생각해 봐도 중고등학교 교과서나 인문사회학 서적, 사진집이나 도록, 소설책이나 시집의 크기는 다르다. 표지 스타일, 본문 구성도 다르다. 전문가가 아니라면 무엇이 구체적으로 다른지 설명할 수 없겠지만 생각과 경험을 쓴 에세이와 재테크를 위한 자기계발서, 철학이나 사회과학을 다루는 인문서의 느낌은 뭔가 다르다. 글만 있는 책도 그렇고 그림이나 사진이

들어가면 이미지의 영향을 더 크게 받는다.

  경험 안에서 주로 상상할 테니 만들고 싶은 책은 지금껏 봐온 책의 범주에서 크게 벗어나지는 않을 것이다. '마음대로' 만들어도 기존의 형식을 파괴하는 이상한 책이 될 가능은 적다. 오히려 우리 같은 초보자는 '마음'이 원하는 게 뭔지 알기 어렵다. 디자이너가 아니라면 다 비슷비슷한 것 같다고 생각할 수 있다. 그렇지만 책의 크기뿐 아니라 표지와 본문 색감, 글자의 크기와 형태, 배치 등 모든 것이 디자인 요소로서 책의 느낌을 결정한다. 전문가가 아니더라도 내용에 어울리는 디자인, 지금까지 많이 봐온 익숙한 느낌, 왜인지 모르지만 이 디자인보다는 저 디자인이 어울리는 것 같은 느낌이 있을 것이다. 모르겠으면 적당히 처음에 떠오르는 대로 결정한다. 그래도 영 모르겠다면 내가 쓰고자 하는 내용과 비슷한 책은 어떻게 만들어졌는지 살펴보고 따라 만들겠다는 마음을 먹자. 너무 베끼면 창작자에 대한 예의가 아니지만 똑같이 하려고 노력해도 (우리 실력으로) 꼭 같은 모습으로는 못할 것이다.

## 판형 정하기

 본격적으로 책을 쓰거나 만들기 전에 독자의 입장에서는 주로 읽는 에세이나 소설의 판형이 거기서 거기처럼 보였다. 아주 작은 문고본이나 큰 글자 책을 제외하고는 가로와 세로가 몇 센티미터 안에서 왔다 갔다 한다. 디자이너라면 그 작은 차이가 미묘하게 책의 느낌을 달리 만드는 걸 알겠지만 비전문가이자 초보자인 우리는 그게 그거 아닌가 하는 생각을 할 것이다. 적당히 평소에 많이 본 판형, 이 정도면 괜찮을 것 같은 판형, 왠지 마음에 드는 책의 판형을 따라 결정하자. 가장 먼저 판형을 정해야 다음 단계로 넘어갈 수 있다. 가로×세로 순서, 단위는 밀리미터로 표시한다. 〈소탐대전〉은 127×188이고 〈오늘 또 미가옥〉은 그보다 조금 작은 115×180이다. 이 책 〈속속독〉도 115×180이다.

 〈소탐대전〉의 판형은 〈나 혼자 발리〉와 같은 크기다. 몇 년 전에 전자책으로만 나왔던 〈나 혼자 발리〉를 편집해서 종이책으로 만들었다. 개인 소장용으로 딱 한 권만 뽑았는데

〈소탐대전〉과 나란히 세워두면 귀여울 것 같아서 크기를 맞췄다. 〈나 혼자 발리〉를 어쩌다 그 판형으로 만들었는지는 기억나지 않는다. 아마 처음에 대충 이 정도? 하고 종이를 접거나 자른 뒤에 괜찮네, 하고 정했을 것이다. 가로나 세로가 특별히 긴 판형은 아니고 무난한 형태였다.

〈오늘 또 미가옥〉은 세미콜론 출판사의 음식 에세이 띵 시리즈 판형을 따라 만들었다. 출판사 투고용으로 책을 만들기 시작했기 때문이다. 의도했든 우연이든 이렇게 독립출판 브랜드 연필농부에는 두 종류의 판형이 생겼다. 앞으로 여행기나 지역을 소재로 한 이야기는 〈소탐대전〉의 판형과 같게, 특정한 주제를 다룬 책은 〈오늘 또 미가옥〉처럼 만들어 연필농부의 시리즈로 구성할 생각이다. 〈속속독〉은 책에 대한 사랑과 새로운 도전에 대한 이야기이니 음식에 대한 사랑을 썼던 〈오늘 또 미가옥〉과 결이 같다. 나중에 전혀 성격이 다른 책을 기획하고 판형을 달리 하고 싶다는 마음이 든다면 당연히 새로운 판형으로 책을 만들 것이다. 그런 마음이 들지 않는 게 어렵지, 이렇게 하고 싶다 저게 더 좋을 것 같다는 생각은 아주아주 반가운

일. 그게 아니라면 무난하게 정해놓은 판형을 따라 지금까지 만든 책에 통일성을 주어도 좋겠다.

## 표지와 본문의 느낌 상상하기

 막상 직접 책을 만든다고 하니 본문의 쪽수는 어디에 넣고 어떤 서체를 쓸지, 표지에는 사진이나 그림을 넣을지 도형과 색으로 단순하지만 추상적인 디자인을 할지 글자만 넣을지 막막했다. 혼자서 처음부터 끝까지 이걸 다 해야 한다고? 편집자와 디자이너가 책을 다 만들어주는 기성 출판의 저자로 참여할 때는 본문 원고만 열심히 쓰면 본문 디자인은 확정된 시안을 확인하는 정도로, 표지는 시안 두어 개 중에서 의견을 말하는 정도로만 참여했다. 막연히 편집자의 교정 작업이 끝날 즈음 표지 디자인 작업이 시작된다고 생각했다. 그런데 저자이자 편집자이자 디자이너 역할을 모두 해야 하는 독립출판 제작자는 나중에 하든 먼저 하든 어차피 자기가 다 해야 한다. 책의 꼴을 상상할 때부터 모든 것을 고려하면서 작업하는 게 좋다. 처음엔 부담스럽겠지만 표지와 내지 디자인을 동시에 떠올리며 작업할 수 있다는 게 오히려 장점이 되기도 한다. 모든 걸 내 마음대로! 시도 때도 없이 책에 대한 아이디어를 낼 수 있다. 원고를 쓰기 싫을 때 표지 디자인을 고민하는 식으로 여러 개의 자아와 분업한다.

표지나 본문의 모습을 그려보며 어떤 책으로 만들지 상상한다. 내 이름으로 나온 책을 간절히 원해서 특별히 원하는 느낌이나 분위기가 있다면 이 순간이 신날 것이다. 마음껏 상상하고 구현시킬 방법을 궁리해 본다. 책을 만들고자 하는 모든 사람이 디자인 영역에서 의욕에 불탈 리는 없으니까 어떤 사람은 잘 모르겠고 어렵고 막막해서 귀찮기만 할 수도 있다. 나는 그랬다. 별생각이 없다면 닮고 싶은 책을 정하고 좋은 요소를 가져온다. 표지를 디자인한 방식, 색의 분포, 본문의 여백, 한 쪽에 들어가는 줄과 글자의 수 등. 많이 보면 어렴풋이 자기 취향을 알게 된다. 아무래도 디자인이 어렵게 느껴진다면 잘하는 사람에게 부탁하거나, 조르거나, 맡기거나 다양한 선택이 가능하다. 부족한 실력이나마 혼자 해보고 싶다면 너무 욕심을 부리지 말고 좋아하는 책의 분위기를 따라 하면서 단순하게 만들면 된다.

**책의 느낌 상상하며 가장 먼저 판형 정하기**

# 마감 : 어떻게든 쓰기

**마감을 어떻게 지키나요?**

 글은 마감이 쓴다고들 한다. 공모전 제출, 숙제 검사일, 기획안 발표, 청탁 원고 보내기로 한 날 등 밖에서 정해준 마감은 오히려 쉽다. 독립출판으로 책을 내고자 하는 우리는 지금 아무도 요청하지 않은, 기다리는 사람이 없는 원고를 쓰고 있다. 매주 한 꼭지씩 쓰겠다고 마음만 먹어서는 마감이 잘 지켜지지 않을 것이다. 당연하다. 마감을 지키는 뾰족한 수는… 없다. 그저 어떻게든 쓰는 것뿐. 그래서 최대 역량의 80% 정도를 쓰면 지킬 수 있는 마감 일정을 스스로

잡는 게 중요하다. 100%가 아니라 80%다. 어쩌다 한 번은 가지고 있는 모든 에너지를 다 끌어다 쓸 수 있겠지만 그러면 다음날 아무것도 할 수 없다.

잠자는 시간을 줄이고 밥 먹는 시간을 아껴서 원고를 쓰는 게 아니다. 수도꼭지에서 물이 새지 않게 하듯 어영부영 낭비하는 시간을 줄이는 것이 관건. 너무 하기 싫은 것과 도저히 할 수 없는 것을 구분할 능력은 본인에게 있다. 시험공부 대신 책상 정리만 야무지게 하는 것처럼 글 쓰겠다고 컴퓨터 앞에서 원고와 전혀 상관없는 에너지 캐시백 회원 가입을 두 시간째 하고 있다면 어떻게든 딴짓하는 시간을 줄이고 바로 일로 돌입하는 방법을 찾고, 그렇게 작업해서 마감을 지키는 습관과 성공의 경험을 축적해야 한다.

혼자만의 다짐을 잘 지키는 사람도 가끔 있지만, 평범한 사람은 강제력이 동원될 때 그나마 마감을 지킬 가능성이 높아진다. 글쓰기 플랫폼에 시리즈를 연재하겠다고 등록하고 매주 글을 올리거나, 마음 맞는 사람들과 모임을 만들어서 집단 감시 체제로 운영한다. 벌금을 걸고 서로의 마감 친구가 되어주는 방법도 있다. 벌금이 동기부여가 되려면 부담스러운 금액으로 책정하고, 누군가는 정확하게 재촉하고 벌금을 걷는 역할을 수행해야 한다. 친구와 둘이 글을 써서 만나자고 약속해 놓고 흐지부지되었던 경험이 내게도 있다.

 나는 구독자를 모집해서 누군가는 내 글을 기다리고 있다는 마음을 동력으로 삼았다. 약속을 어기는 걸 지독히 싫어하는 성향에 매주 화요일 뉴스레터 발행 일정을 꼭 지키겠다는 각오가 큰 힘이 되었다. 시간이 없으면 뭐라도 써서 보냈다. 하기 싫어도 울면서 했다. 여러 번의 시행착오 끝에 이런 습관이 몸에 붙기까지는 최소 2~3년이 걸렸다. 이 책을 쓰면서는 또 실패하여 중간에 연재를 관뒀지만 다시 마음을 추스르고 써놓은 글을 그러모아 이어 쓰면서 이렇게 책을 만들고 있다. 끝까지 쓰기란 정말 힘든 일이다. 다들 고생하고 계십니다.

 글은 그나마 쓰기 싫어도 어떻게든 화면을 노려보고 키보드에 손을 올려놓으면 뭐라도 쓰게 된다. 나는 마음이 힘들 때, 기쁠 때, 누군가 미울 때, 복잡한 심경을 어찌할 줄

모를 때 일기를 쓰는 사람이기 때문이다. 매일 아침 일어나 어제를 돌아보며 찬찬히 일기를 쓰고, 바빠서 일기가 밀렸을 때도 그날 한 일을 간단하게 몇 줄이라도 적는 하루를 10년 가까이 살았다. 책을 위한 글쓰기는 일기와 다르지만 일단 첫 문장이 시작되면 글은 흘러간다. 지금 종이만 보면 막막한 사람이 뭐라도 쓸 수 있는 사람, 어떻게든 쓸 수 있는 사람이 될 수 있냐고요? 당연하죠. 됩니다. 오래 걸리더라도, 중간에 한참 못 썼더라도, 쓰는 마음을 버리지 않는다면요.

  나는 글 쓰는 사람이지 그림 그리는 사람은 아니었는데, 늘 그림을 그리고 싶었다. 고마운 친구 오리 선생님의 도움을 받아 그리는 사람이 되어가는 중이다. 약속을 지키고 싶은 마음, 선생님에게 잘 보이고 싶은 마음을 동력 삼아 매주 숙제 검사를 받는데 처음 3개월은 너무 하기 싫어서 울면서 전날 밤이나 아침에야 겨우 숙제를 그렸다. 다음 3개월은 두렵지만 울지 않고도 그릴 수 있게 되었고, 6개월이 지났을 때야 비로소 아무 생각 없이 우선 쓰소, 아니 '우선 그리소'의 마음으로 그냥 그릴 수 있는 사람이 되었다. 그 뒤로 또 3개월쯤 흐른 뒤에는 재미있는 걸 스스로 찾아

어려운 것도 그려보고 싶은 마음이 들었다. 하기 싫어도 그냥 하는 시간이 6개월 이상 쌓이면 어떻게든 하는 경지에 이르는 것 같다. 내 경험이 모두에게 적용되진 않을 수 있지만 마감을 지키는 것도 훈련과 연습으로 가능하다고 믿는다. 함께 할 좋은 동료, 믿고 따를 선생님과 함께하면 수월해지기는 한다.

### 결과물이 마음에 들지 않을 땐 어떻게 하나요?

 겨우겨우 쓴 글과 완성한 그림이 마음에 드는 일은 여간해선 생기지 않는다. 과정이 수월한 결과물이라고 늘 마음에 드는 것도 아니다. 그러니 술술술 썼든 끙끙거리며 썼든 크게 상관없지 않을까요? 마음에 들 때까지 계속하는 수밖에. 끝내 마음에 들지 않더라도 과정을 즐기는 사람이 되는 게 더 빠를 것도 같다. 다음에 더 잘합시다.
 결과가 아쉽고 안타깝지만 그럼에도 계속하고 싶다면 그냥 또 하는 거다. 쓰고 싶은 마음이 중요하다. 그렇게 완성된 원고를 책으로 만들어서 손에 쥐면 파일로 볼 때보다 조금

낫더라고요. 그러니까 우선 쓰세요. 초고를 완성하세요. 뒷일은 내일의 나에게 맡기세요.

'처음에 쓴 원고는 거의 버려진다'는 말을 좋아하지 않는다. 버려지는 것이 아니다. 처음 글은 다음 글을 데리고 온다. 최종 글의 거름이 된다. 어떻게든 뭐라도 쓰다 보면 첫 문장이 마중물이 되어 다음부터는 조금 더 쉽게 쓸 수 있다. 물론 찻잎을 씻어낸 차의 첫 물을 버리듯 처음에 거칠게 써낸 문장은 버려야 할 때가 있다. 그렇지만 설익은 밥도 한참 뜸을 들인 후에는 먹을만한 밥이 되듯 마구 토해낸 문장도 곰곰 다시 보면 다 쓸 데가 있다. 완전히 들어내야 할 때도 버려짐으로써 의미를 가진다. 그러니까 무엇이든 쓰고 다시 읽고 고치고 다시 쓰자.

## 조금 더 쉽게 쓰는 특별한 방법이 있나요?

지금 쓴다, 진짜 쓴다. 쓰고 만다! 우선 뭐라도 쓰자, 하고 책상에 앉아 컴퓨터를 켰다. 잠깐 이메일 확인하고, SNS 둘러보고, 꼭 당장 보내야 할 것 같은 문자가 생각나서

휴대전화를 본다. 장바구니에 담아두었던 것 잠깐 결제만
할까. 노동요 좀 골라볼까. 이러다 보면 훌쩍 한 시간이
간다. 다들 그렇다. 그렇게 되지 않으려면 최대한 빨리 작업
모드로 진입해야 하는데 유명한 작가들도 갖가지 방법으로
자기를 어르고 달래고 재촉하고 기다린다. 이것저것
해보면서 자기에게 맞는 방법을 찾아야만 한다.

 천천히 커피를 내리고 준비하는 마음을 다잡아 책상에
앉는다거나, 앉기 전에 노트에 오늘의 작업 계획이나 시간을
적는 식으로 자기만의 시작 의식을 행하는 사람도 있다.
카페로 가서 시간과 비용에 대한 압박을 스스로 주거나
좋아하는 책의 한 페이지 정도를 타이핑하면서 읽고 쓰는
세계로 진입하기도 한다. 작업 공간과 휴식 공간을
분리하라, 작업 시간 40분에 쉬는 시간 20분을 지키면서
떠오르는 딴짓을 적어뒀다가 쉬는 시간에 하라는 등
프리랜서 선배님들의 훌륭한 말씀이 많다.

 쓰는 모드로 전환하기, 쓰는 동안엔 집중력을 발휘하기 등
효율적인 업무 방법과 태도는 내게도 여전히 어려워서 아직
효과적인 방법을 찾지 못했다. 그저 앉아서 쓰려고 노력할

뿐이다. 책상에 앉고 쓰기 시작하면 어떻게든 되는 편이라 인터넷 창을 켜거나 딴짓을 하지 않기 위해서 노력한다. 앉자마자 무조건 글쓰기 프로그램을 켜라. 인터넷 검색, SNS 금지. 빈 화면을 응시하면서 속수무책 시간을 보내더라도 그 화면에 머물러라. 제목을 적거나 쓰고 싶은 내용에 대해 글이 되지 않은 상태의 단어로, 어절로, 아무렇게나 적어본다. 마음에 들지 않는 문장이더라도 적어나간다. 계속 계속. 다음 문장을 채운다. 쉬운 방법을 찾기 못했으므로 어렵지만 어떻게든 쓴다. 그렇게 몇 개의 문장이 생기면 처음부터 읽어본다. 이상한 건 지우고 다시 쓴다. 좀 더 말이 되게 고쳐 쓴다. 반복한다.

 도저히 도저히 쓸 수 없을 때, 아무 생각이 나지 않을 때는 밥을 지어 먹고 밖에 나가 조금 걷고 책을 읽는다. 그리고 다시 책상에 앉아 힘겹게 힘겹게 단어와 문장을 불러온다.

 빈 화면 앞에서 막막함이 너무 클 땐, 펜으로 종이에 써야 할 내용을 적어본다. 이를테면 문제를 받아적는 셈이다. 손이 풀리고 머리가 조금씩 돌아가는 기미가 느껴진다. 주어진 내용에서 몇 가지 단어를, 문장을 끌어온다. 내용이 모였을 때 컴퓨터 화면으로 옮겨 베껴 쓴다. 읽어보며 고쳐 쓴다. 다시 쓴다. 반복한다. 초고를 완성한다.

**영차영차. 막막하지만 한 걸음씩 하다 보면 언젠가는 끝납니다**

# 퇴고 : 어떻게 하면 원고가 더 나아질까

### 초고 수정기

 울면서 썼든 즐겁게 썼든 우선 초고를 완성했다면, 가장 먼저 수고했다고 보상을 듬뿍 줘야 한다. 평소보다 공을 들인 음식과 귀한 대접으로 스스로를 치하하자. 정말 수고 많으셨습니다. 하루쯤 쉬고 다음 날 퇴고에 들어간다. 방금 끝낸 글의 감각으로부터 멀어져 책의 일부로 글을 바라볼 다른 자리에 서야 한다. 한 편 한 편 겨우 완성할 때는 지금 쓰는 글이 전부인 것 같지만 실상은 이들이 모여야 책이다.
 이제 모든 원고가 모였으니 맥락을 살피며 전체 글을 읽고 앞뒤의 연결이 적절한지, 앞에 한 말과 뒤에 한 말이 다르지는 않은지, 반복되는 부분은 없는지 확인한다. 처음부터 끝까지 읽으면서 글의 음률과 호흡을 살핀다. 이야기가 한 방향을 향해 가고 있는지, 글쓴이의 마음이나 행동은 어떻게 변화하고 있는지, 시간이 갈수록 이야기가 풍성해지는지, 글쓴이가 축적된 경험으로 성장하는지, 이야기가 쌓이면서 입체적이고 매력적으로 보이는지 눈이 밝은 독자가 되어 촘촘히 읽는다.

  어색한 부분이 보인다면 더 나아질 방법을 찾아본다. 원고를 보충하거나 흐름에 맞지 않는 부분을 과감히 뺄 필요도 있다. 삭제한 내용 대신 넣으면 좋을 원고를 다시 쓰거나, 분량이 줄어들었으니 양을 늘리기 위해 또 쓰거나, 읽다 보니 더 하고 싶은 이야기가 생겨서 계속 원고를 쓴다. 초고를 마치고 축하 의식을 성대하게 치러야 하는 까닭은 앞으로 할 일이 많이 남았기 때문이었다. 초고는 끝이 아니다.

## 추가 원고 작성의 실례

〈소탐대전〉은 매주 한 편씩 좋아하는 장소에 대해 쓴 글이다. 지역별로 구분해서 동선을 그리면서 목차를 짜거나, 공간의 특징에 맞게 스토리를 만들어 순서를 정한 게 아니어서 각각의 글이 독립적이다. 매번 각기 다른 장소를 소개하고 있으니 소재는 다르지만, 방문과 감상이라는 형식이 비슷하니 여러 편의 글이 짜임새 없이 늘어선 느낌이 들었다. 비슷한 장소의 작은 차이를 구체적으로 드러내는 글보다 지루해 보였다. 여기저기 급하게 돌아다니는 관광처럼 독자를 지칠 게 만들 것 같았다. 이 구성에 어떻게 재미를 줄 수 있을까?

  주간 연재했던 글이라 내용에 시간의 흐름이 포함되어 있어서 마음대로 순서를 바꿀 수도 없었다. 이미 있는 원고에 생생함을 불어넣을 방법을 고민했다. 대전을 탐험하는 바깥 여행 사이에 탐험하는 사람의 마음을 들여다보는 내면 여행을 추가로 넣으면 괜찮지 않을까? 문밖을 나서는 동네 여행과 문 닫고 들어와서 천천히 자신을 만나는 내면 탐구가 짝을 이루면 대비되는 성격의 이야기가 책의 긴장감을 만들어줄 거라 생각했다. 솔직하게 마음을 쓰는 데는 자신이 있었으므로 글을 쓰면서, 그림을 그리면서, 소재를 정하면서, 독자를 만나면서 하고 싶었던 이야기를 실컷 적었다.

 본문에 포함된 그림 수도 맞춰서 글 한 꼭지에 그림 두 개를 기본으로 했다. 초기 연재에는 그림을 하나만 그렸는데 뒤로 갈수록 그림 실력이 늘어서 두 개 이상을 그렸다. 빠진 그림을 그리고, 내면 여행을 쓴 추가 원고에 들어갈 그림도 그렸다. (표지에 들어갈 그림을 따로 그려야 한다고 생각하지 못해 나중에 큰 고생을 하게 된다.)

**쓰고 또 쓰면, 고치고 또 고치면, 뚫어져라 보면 길이 보인다**

# 정리 : 편집이 쉬워지려면 파일 교정

**퇴고를 마치고 편집에 들어갈 때**

 글쓰기에 정답이 있는 게 아니니 붙들고 고치고 또 고치면 글은 좋아진다. 골똘히 생각하고 진지하게 더 나아지는 방법을 찾기 위한 노력을 했을 때에만 그렇다. 맑지 않은 정신으로 적당히 이건가 저건가 할 바엔 떨치고 일어나 글쓰기를 완료하자. 가까이 지내는 시각 예술가 친구 고슴도치도 그랬다. 작품의 완성이 어디인가, 언제 끝낼 것인가는 작가만 안다. 마치 끝인 것 같지만 다 뒤집어엎어야 하는 순간이 오기도 한다. 에라 모르겠다,

그만하자, 이름 적고 낙관을 찍어야 할 때가 왔음은 본인이 안다. 할 만큼 했다. 이제 그만 쓰자.

  편집자가 있다면 편집자에게 글을 보내면 되겠지만 독립출판물 제작자인 우리는 어제는 작가, 오늘은 편집자다. 편집 업무를 기다리고 있는 오늘의 나와 디자이너인 내일의 나에게 원고를 넘길 때다.

  작가였던 어제도 잠깐 편집자가 되어 초고를 검토하고 수정 사항을 요청했지만 오늘은 온전히 편집자로서 파일 상태의 원고를 교정해야 한다. 내용 검토는 어제의 내가 잘했으리라 믿고 이제부터는 형식을 맞추는 작업을 하자. 인디자인 파일에 원고를 흘리는 조판 작업 후에는 한글이나 워드 파일에서보다 글을 고치기가 번거롭다. 워드프로세서는 글을 쓰기 위한 프로그램이고 인디자인은 책의 꼴로 디자인하기 위한 프로그램이라 그렇다. 인디자인으로 가기 전에, 디자이너에게 파일이 넘어가기 전에 글의 완성도는 워드프로세서에서 최대한 높이는 게 좋다.

## 맞춤법과 문법 검사, 띄어쓰기와 문장부호 통일

한글 프로그램으로 글을 쓴다면 가장 먼저 빨간 줄이 그어진 부분을 눈여겨 살펴본다. 한 꼭지의 글을 완성할 때마다 부산대 한국어 맞춤법 문법 검사기http://speller.cs.pusan.ac.kr를 이용해 기본적인 맞춤법 검사를 돌려보는 습관을 들여놓으면 파일 교정할 때 도움이 된다.

'독립출판'으로 썼는지 '독립 출판'으로 썼는지 연이은 명사의 표기(띄어쓰기)를 통일한다. 보조동사의 표기가 헷갈리고 번거로운데, '건네주다'처럼 국어사전에 올라와 있는 합성어는 띄어쓰기 표기 원칙에 따라 붙여 쓰지만 '알려 주다'는 본용언 '알다'와 보조용언 '주다'가 합쳐진 것으로 띄어쓰기를 원칙으로 하되 붙여쓰기도 허용한다. 보조 용언의 띄어쓰기가 한 책 안에서 이랬다저랬다 하지 않도록 통일한다. 찾기 기능(컨트롤+F)을 이용해 헷갈리는 단어를 짚고 넘어간다.

들여쓰기할 때 스페이스바를 눌러서 문단 시작할 때마다 띄어쓰기가 되어 있는지, 마침표를 찍은 뒤에 습관적으로 스페이스바를 눌러서 보이지 않는 띄어쓰기가 포함되어 있는지 등을 본다. 한글 프로그램 기준으로 메뉴에서 [보기]-[표시/숨기기]-[조판 부호]를 보이도록 설정하면 쉽게 찾을 수 있다. 가운데 정렬을 해야 할 부분에 띄어쓰기로 한 칸 한 칸 움직여서 자리를 잡았다거나, 다음 단락을 새 페이지에서 시작하고 싶어서 한 줄 한 줄 엔터를 쳐서 다음 페이지로 넘어가는 식으로 수동으로 먹인 쪽 나눔, 줄 바꿈 등이 있는지도 조판 부호 보기를 통해 확인한다.

  작은따옴표, 큰따옴표, 줄임표, 괄호, 꺾쇠, 가운뎃점 등 특수 문자와 문장 부호도 살피고 통일한다. 줄임표를 마침표 서너 개로 쓴다거나, 보기에는 비슷하지만 엄연히 다른 문자를 가운뎃점으로 사용하는 실수가 흔하다. 인디자인 작업을 하면서 수정할 수 있지만 일단 한글 파일 안에서 통일시켜놓으면 변환하기 수월하다.

  파일 교정을 하면서도 자꾸 글을 고치고 싶은 마음이 들 테지만 편집자의 본분을 지키려고 노력하면서 글 수정은 마지막에 저자 교정을 볼 때 한꺼번에 하기로 하자.

중간중간 조금씩 고치면서 새로 쓰고, 다시 교정을 보는 식으로 작업이 섞이면 효율이 떨어진다. 인디자인 작업을 하기 좋은 파일로 만드는 것이 지금 작업의 목표다. 더 매끄럽게 좋은 글로 고칠 기회는 아직 남아있다.

[정리] 파일 교정할 때 기본적으로 체크할 것

1. 명사+명사의 띄어쓰기 통일
2. 본용언+보조용언의 띄어쓰기 통일
3. 조판 부호 보기로 쓸데 없는 띄어쓰기, 줄 바꿈 삭제
4. '작은 따옴표' "큰 따옴표" 가운뎃점 · 줄임표… 〈괄호〉 통일

**어제는 저자, 오늘은 편집자. 오늘의 역할은 추리기**

Additional Part

# 함께 쓰기 : 마감이 필요할 땐, 쓸 모임

 어떻게든 쓸 수는 있지만 그렇게 매번 울면서 혼자 글을 쓰는 건 너무 힘들었다. 힘들게 쓰더라도 쓰고 나서 조금 더 즐거워지고 싶었다. 도저히 쓸 수 없을 것 같을 때는 어디서라도 쓸 힘을 얻고 싶었다. 나처럼 쓰고 싶지만 쓰기 힘든 사람, 쓰기는 싫지만 그래도 쓰고 나면 기분이 좋아지는 사람과 함께 쓰기로 했다. 혼자 쓰기가 외로워서 동료를 찾았다.

 처음에 생각한 모임은 정말, 대면으로든 온라인으로든 만나 함께 쓰는 모임이었다. 바쁜 일정에 쓸 시간을 확보하기가 힘들다면 운동하러 체육관에 가듯 쓰기 위해 모이자. 정해진 시간에 어떻게든 쓰다 보면 뭐라도 되겠지. 한 번에 글을 완성하지 못하면 다음번 만났을 때 완성하더라도 우선 만나서 함께 글을 쓰고 싶었다. 그런데 시간을 맞추기가 힘들었다. 쓰기 위해 겨우 만든 시간은 퇴근 뒤 저녁이나 다른 가족이 잠든 늦은 밤, 일과를 시작하기 전 이른 새벽 등으로 사람마다 각각 달랐다. 쓰기로 진입하기 위한 손 풀기로 10여 분 정도의 짬에 떠오르는 생각을 자유롭게 적는 글이라면 모를까 완결된 자기 글을 쓰기 위해서는 스스로 만든 제법 긴 쓰기의 시간이 필요했다. 마음 맞는 동료를 찾기도 힘들었는데 쓰는 시간을 맞추기는 더더욱 힘들었다. 아쉽지만 함께 쓰기는 포기하고 아쉬운 대로 계속 쓸 수 있도록 서로의 마감 관리자, 적극적인 독자가 되어주기로 했다. 글을 써 와서 함께 읽고 이야기를 나누는 글쓰기 모임을 시작했다. 두 명의 쓸 모임 동료와는 토요일 아침 온라인으로 3년 넘게 만났다.

약속한 날까지 어떻게든 글을 쓴다. 글쓰기 동료이자 독자인 친구들 앞에서 소리 내어 글을 읽는다. 읽다 보면 쓰면서는 잘 몰랐던 어색한 부분을 스스로 찾아낼 때도 있다. 내 글은 독자에게로 가서 의도와 달리 읽힌다. 친구의 글도 그렇게 읽는다. 저자의 마음으로, 동료의 마음으로 눈과 귀에 꾹꾹 눌러 담는다.

 어떤 모임이든 잘 맞는 사람과 꾸준히 모임을 지속할 수 있는 건 복이다. 나는 도서관의 책 만들기 워크숍에 참여했던 사람 중에 같이 모임을 하면 좋을 것 같은 사람들에게 먼저 제안했다. 글이 좋아서, 수업에 임하는 태도가 좋아서, 제때 숙제를 잘해 오길래, 모임을 하면 속 터질 일은 없을 것 같았고 그 예감은 적중했다. 좋은 동료가 있다면 그 관계를 잘 이어갈 수 있도록 서로 더 잘하자. 아직 없다면 호시탐탐 짝을 찾는 마음으로 도서관과 동네책방과 모임 플랫폼을 두리번거려 봅시다. 찬찬히.

 2025년 1월부터 자주 가는 대전의 동네책방 머물다가게에서 새로운 쓸 모임을 시작했다. 글을 쓰고 싶은 사람은 일단 모여서, 뭘 써야 할지 어떻게 써야 할지 모르더라도 우선 쓰기로 했다. 쓸 마음을 가지고 오면 된다.
여럿이 함께 달릴 때 어어, 하면서 분위기에 휩쓸려 뛰게
되듯 모인 사람의 쓸 마음이 모두를 쓰게 만들 것이다.
자리를 준비하는 나는 마중물이 될 글감을 골라서 기다린다.

# Part 3. 편집과 디자인

# 제작비 : 얼마까지 생각하고 있나요?

## 책 만드는 데 얼마나 드나요?

종이 종류, 평량(종이 무게), 쪽수, 제작 부수에 따라 제작비는 천차만별이라 총비용이 얼마나 들지 가늠하기는 어렵다. 책이 두꺼울수록, 좋은 종이를 쓸수록, 반짝이는 색을 쓴다거나 글자를 올록볼록하게 만들거나 뭔가 특별한 작업을 하면 더 비싸진다. 인쇄비 외에도 인디자인이나 포토샵 같은 필수 프로그램 구독료, 교정을 보기 위해 종이에 출력하는 비용 등이 든다. 홍보와 마케팅 비용까지 생각한다면 포장비나 배송료, 북페어 참가비, 굿즈 제작비도 고려해야 한다.

 복잡하니까 일단 인쇄비만 따져보자. 인쇄소 홈페이지에서 종이 종류와 인쇄 방법, 쪽수와 수량을 입력해 바로 견적을 내볼 수 있다. 쉽네, 하고 화면을 열었다가 막상 입력을 기다리는 빈칸 앞에서는 막막해진다. 컬러로 할지 흑백으로 할지, 종이는 뭐로 할지 정하고 대략적인 쪽수라도 알아야 견적서의 빈칸을 채울 수 있다. 처음 책을 만들어보는 사람이라면 지금 가지고 있는 원고가 책이 되었을 때 어느 정도의 두께가 되는지, 몇 부나 찍어야 할지 막막할 것이다. 충분히 그 마음을 이해한다. 나 역시 책을 여러 권 만들어봤음에도 지금 쓴 초고가 몇 페이지짜리 책이 될지, 몇 권이나 팔릴지 예측하기 어려웠다.

 〈오늘 또 미가옥〉과 〈소탐대전〉을 떠올려볼 때, 200쪽 이하의 책을 300부 정도 찍는다면 흑백 150만 원, 컬러 250만 원 정도 예산을 세우면 될 듯하다. 2024년 9월 기준이다. 물가 상승에 따라 종이 등 원자잿값이 오르면 더 비싸질 수 있다. 300부를 예로 들어 설명하는 까닭은 판매를 생각한다면 그 정도가 적당할 거 같아서다. 친구와

지인들에게 선물하고, 독립출판물 유통망인 인디펍에
입고하고, 동네 서점 몇 군데 입고하면 100부로는 부족하고
200부는 조금 아쉽다. 300부 정도가 열심히 팔아서 완판의
기쁨을 누릴 수 있는 수량 같다. 디지털 인쇄와 옵셋 인쇄
가격이 비슷해지는 부수이기도 하다. 옵셋 인쇄로 300부를
결정했다면 이왕 하는 김에 500부 할까 하는 마음과도 잘
타협할 필요가 있다. 가격 차이가 얼마 안 난다. 디지털
인쇄로도 100부 만들고 부족해서 100부 더 찍으면
처음부터 200부를 찍는 것보다 단가가 조금 비싸니 소화할
수 있는 물량을 예상하고 한 번에 주문하는 게 좋다.
선물용으로 제작한다면 목록을 만들어서 정확한 수량을
체크하자.


[참고] 인쇄소 후기

샘플 제작과 옵셋 인쇄 모두 인터프로프린트를 이용했고 가격과
인쇄 품질, 서비스에 만족했다. 대전에 살고 있으니 동네 인쇄소를
이용하고 싶지만, 직접 인쇄소에 찾아가 견적을 묻고 주문하는 게
어려워서 컴퓨터 앞에서 인터넷 선배님의 후기를 읽고 궁금한 건

1:1 게시판으로 질문하면서 진행했다.

독립출판 유통 플랫폼 인디펍 인스타그램에 올라온 글에 따르면, 독립출판 제작자들이 디지털 인쇄 업체로 많이 이용하는 곳은 북토리, 금비피앤피, 알래스카인디고란다. 옵셋으로 인쇄할 때는 상지사피앤피, 영신사, 한영문화사를 추천한다고 한다.

디지털 인쇄와 옵셋 인쇄의 차이를 자세히 설명하는 것은 내 지식과 정보로는 무리다. 초보 독립출판 제작자로서 알아야 할 내용은 가격면에서 500부 이하는 주로 디지털 인쇄, 그 이상은 옵셋 인쇄를 하는 게 낫다는 것이다. 디지털 인쇄는 소량 제작도 가능해서 1부도 만들 수 있다. 물론 많이 찍을수록 단가는 내려간다. 300부까지는 옵셋보다 디지털이 저렴하고 그 이상은 견적을 비교하면서 판단하면 될 것 같다. 옵셋 인쇄는 별도의 금속판을 제작하고 물과 기름의 반발에 의한 어쩌고저쩌고 방식으로 인쇄가 되며 인쇄 품질이 좋다. 정밀하고 정확한 색감 표현이 가능하지만 단가가 비싸서 500부 이상은 찍어야 한다. 500부나 1,000부나 가격 차이가 크게 없어서 두고두고 책을 팔 느긋한 마음의 제작자는 1천 부를 찍기도 한다.

## 쪽 수 예상하고 종이 정하기

 원고가 책이 되었을 때 몇 쪽이나 될지 알아보기 위해서는 한 쪽에 들어가는 글자 수로 전체 원고를 나눠보면 된다. 따라 만들고 싶은 책의 한 면에 들어가는 글자 수를 세서 대략적인 책의 분량을 가늠해 보자. 전체 원고의 글자 수를 페이지당 글자수로 나누면 대략적인 페이지가 나온다. 거기에 그림이나 사진을 추가하면 그만큼 쪽 수가 늘어난다. 또 본문 외 부속 원고와 장도비라, 제목면까지 고려하면 20여 쪽이 더 늘어난다. 보통 한 꼭지의 글을 책으로 디자인할 때 제목을 적고 몇 줄을 띄거나 다음 면에서 글을 시작하는 경우가 많기 때문이다.
 〈오늘 또 미가옥〉의 초고는 약 4만 5천 자였다. 그림이 없는 한 면에 들어가는 글자는 500자 내외로, 글 분량으로만 따지면 90쪽이 나온다. 거기에 그림 20여 쪽, 서문과 목차와 부록 등 부속 요소를 포함해서 20여 쪽 더 늘어난다고 생각하면 130쪽을 예상할 수 있다. 실제 책은 140쪽이었. 188쪽짜리 〈소탐대전〉의 초고는 6만 5천 자였다. 같은 기준으로 한 쪽에 500자가 들어간다고 계산해서 글만 채웠을 때 130쪽이다. 한 꼭지당 그림이 2개씩이라 페이지가 20쪽보다 훨씬 많이 늘어날 것이고 부속 요소도 고려하면 50쪽 이상이 추가될 걸로 예상했다. 180쪽을 예상했으니 거의 비슷하다.

 [정리] 원고의 글자 수로 책의 전체 쪽 수 가늠하기

　　○○ + □□ + 20~30

　총 원고의 글자 수 / 한 쪽의 글자 수 = 글자로만 이루어진 책의 분량 ○○쪽

　+

　꼭지당 추가되는 그림을 고려해서 늘어난 쪽수 □□쪽 (꼭지 수량 이상)

　+

　서문, 목차, 판권 등 부속 20~30쪽

이렇게 책의 쪽 수를 예상하고, 표지와 내지에 사용할

종이를 선택해 견적을 내본다. 사진이나 그림 이미지의 색이 잘 나오게 하려면 종이를 고를 때 훨씬 어렵겠지만 글 위주의 책은 보통 내지용으로 모조지 80그램이면 충분하다. 평량이 곧 두께인 것은 아니므로 종이 샘플을 보고 결정하면 좋은데 종이 샘플을 가지고 있는 사람이 몇이나 될 것이며, 본다고 또 차이를 알아차릴 수 있을까. 인터넷 선생님들의 후기를 찾아 읽으면서 종이에 따른 특징을 읽고 공부하기는 했지만 가장 좋은 건 주변에 먼저 책을 만든 독립출판 선배님에게 묻는 것. 무슨 종이를 썼는지 물어보고 괜찮아 보여서 그걸로 했다. 〈오늘 또 미가옥〉 표지는 M러프 백색 210g, 내지는 미색모조 80g이고 〈소탐대전〉과 〈속속독〉 표지는 M러프 EW 210g, 내지는 미색모조 80g이다.

[참고]

장도비라는 장이나 부가 나뉠 때 본문 내용 없이 제목만 적거나 장식으로 들어가는 쪽이다. 속표지를 도비라 부르고, 장을 구분하는 면을 장도비라고 부른다. 업계에 남아있는 일본 용어다. 이름을 아는 게 중요하진 않지만 무슨 말을 하는지는 알아들어야 하니 많이 쓰이는 용어는 기억해 보자. 세네카는 책등, 하시라는 본문면 하단에 표기된 쪽수나 책 제목, 장 제목을 말한다. (쪽 수가 위나 옆에 있는 경우도 있다.)

## 몇 권 찍을까?

출판사를 통해서 책을 낼 때는 보통 초판에 3천 부를 찍는데 독립출판으로 직접 책을 만들 때는 당연히 그 정도로 할 수 없다. 요즘에는 출판사에서도 판매량을 고려해서 최소 분량인 500부나 1천 부만 찍는다고 한다. 전국의 모든 서점에 책이 깔리면서 불타나게 팔리는 기적을 기대하지 않고 가족과 지인에게 최대 100권 팔고 독립서점이나 북페어에서 팔 수 있는 수량의 최대를 100권으로 한다면 200부 정도를 찍는 게 합리적이다. 그런데 견적을 내보면 200부와 300부의 가격이 10~20만 원밖에 차이가 안 난다. 책값을 1만 원이라고 잡고 20만 원 들여서 100만 원어치 책을 만들고 그걸 다 팔면 수익이 80만 원이잖아. 이런 단순한 생각으로 100부 더, 더, 하다가 욕심내서 처음부터

책을 너무 많이 찍으면 책상 밑과 옷장 한쪽에 꾸역꾸역
책을 쌓아두는 지경에 이르게 된다. 상업 출판사에서도 책이
팔리지 않을 때면 보관 비용 대비 예상 수익을 고려해
창고에 쌓아둔 재고를 폐기하는데, 개인이 생활하는 집에서
침실이나 거실을 창고처럼 써야 하는 상황을 만들지는 말자.
아무리 썩지 않는 물건이라고 해도 재고가 잔뜩 쌓여있는
모습을 보면 답답한 마음이 들 것이다. 같이 책 만들기
모임을 하는 동료 작가님은 딱 100부만 찍어서 지인 판매와
선물로 다 소화하겠다고 한다. 얼마나 팔 수 있을지
예측하기 어려울 때는 소극적으로 판단해 100부 이하로
소량만 찍어보는 것도 방법이다. 잘 팔리면 그때 추가로
제작해도 책은 금방 나온다. 100부 찍어서 판 돈으로 100부
더 찍고 또 찍어서 증쇄하는 기분도 좋겠지. 그런데 저는
욕심부려서 500부나 찍었고 그래서 당연히 많이
남았습니다. 〈속속독〉은 몇 부를 찍어야 할지 저 역시
막막하네요.

**제작비 회수는 쉽지 않으니 감당할 수 있을 만큼 예산을 세우세요**

# 자금 조달 : 무슨 돈으로 만들까?

## 속 편하게 내돈내만

 독립출판의 묘미는 누구 눈치도 보지 않고 내 맘대로 하는 거다. 내가 하고 싶으니까 나를 위한 책을 만든다. 출판사의 출간 제의를 받거나 투자자 혹은 지원사업으로부터 제작비를 받지 않고 내 돈으로 내가 만든다. 다른 출판물과의 통일성이나 출판사의 특징을 고려할 필요도 없고, 사업 취지에 맞춰 내용이나 형식을 조정하지 않아도 된다. 많이 팔아서 제작비를 회수하면 좋고, 본전을 찾지 못한다 해도 해봤다는 데 의의를 두면 된다. 혹시 책 팔아서 부자 되고 싶은 마음으로 독립출판을 하는 분은 없겠죠? 글 쓰는 걸 좋아하고, 내가 쓴 글로 책을 만들고 싶은 소망을 이루고 싶어서 하는 거 맞죠? 독립출판물 제작을 직업으로 삼고 밥벌이까지 고려하고 있다면 저한테 연락 좀… 저도 방법을 알고 싶습니다. 함께 고민해봐요. 네, 맞습니다. 저는 직업으로 삼았습니다.

자아실현 및 취미 활동으로 책을 만드는 것인만큼 현실적인 예산을 고려해야 한다. 속상하지 않을 만큼의 적당히 큰 비용, 기꺼이 자신의 경험과 만족을 위해 투자할 수 있는 금액의 상한선을 정해보자. 기본 사양으로 만든다고 해도 100만 원 이상은 든다. 10권 이하로 만들어서 자기만 갖거나 선물할 용도라면 20~50만 원 사이에서 예산을 정해놓고 그 안에서 가능한 만큼만 만드는 것도 방법이다. 한 권만 만든다고 해도 프로그램 비용까지 고려하면 10만 원 정도는 필요하다. 전자책으로 출간된 〈나 혼자 발리〉를 소장용으로 2020년에 딱 한 권 만들었는데 인디자인과 포토샵 무료 사용기간인 일주일 동안 작업을 마쳐서 인쇄비만 들었고 3만 얼마였다. 지금은 종잇값이 올라서 비용이 더 나올지도 모르겠다. 종이와 후가공 등 인쇄 비용도 품질에 따라 달라지만 그 외에도 돈을 들이자고 하면 얼마든지 제작비는 커진다. 책의 완성도를 높이고 싶다면 교정 교열을 꼼꼼히 봐줄 수 있는 편집자, 표지를 만들어줄 디자이너 등 전문가의 도움을 받을 수 있고, 그만큼의 비용이 추가된다. 〈소탐대전〉과 〈오늘 또 미가옥〉을 만들 때는 제작비를 아껴 최대한 많은 물량을 확보하고 싶어서 편집, 디자인, 교정과 교열, 홍보와 마케팅, 판매까지 혼자 했다. 예산 내에서 최대한 책을 많이 만들어서 다 팔겠다는 꿈을 꾸었다.

직접 책을 만들어서 팔면 어떤 일이 벌어질까? 돈은 얼마나 벌 수 있을까, 오히려 손해를 보게 될까? 특이한 책을 냈다고 유명해질 수도 있잖아. 출판사를 통해 책을 내는 것보다 재미있을까? 의외로 책 만드는 데 소질을 발견하지는 않을까? 책 만드는 전 과정을 경험하고 판매까지 해보면 책에 대한 생각이 달라질까, 글 쓰는 작가에서 책 만드는 제작자로 스스로를 다르게 소개하게 될까, 같은 질문을 품고 독립출판을 시작했다.

## 지원금을 받을 수 있나요?

 욕심내서 책을 많이 찍을 수 있었던 까닭은 〈소탐대전〉의 제작비를 대전문화재단의 예술인 지원사업으로 충당했기 때문이다. 매년 초 각 지역의 문화재단에서 시각 예술, 음악, 문학, 연극 등 장르별로 지원사업을 공모한다. 기관마다 조금씩 다르지만 한국예술인복지재단에 예술인등록이 되어 있다면 신청할 수 있다. 그 외에도 한국예술인복지재단의 예술활동준비지원금이나 한국문화예술위원회 아르코문학작가펠로우십(아르코문학창작기금) 등이 있다. 독립출판물을 만들어 판매해 볼까, 생각만 했지 두세 달 생활비에 달하는 200~300만 원의 제작비를 사비로 감당하기는 부담스러웠다. 지원사업을 적극적으로 활용하는 연극인, 시각 예술가 친구들을 떠올리며 문학 출판 분야에 신청할 마음을 냈다. 지원 자격과 심사 기준이 까다롭고 경쟁이 치열해서 선정되기가 쉽지는 않아 보이지만 그렇다고 해보지도 않고 가만히 있을 수는 없으니까 도전했다. 위의 지원사업은 전문예술인을 대상으로 하지만 찾아보면 예술인으로 등록되지 않은 일반인이 도전할 수 있는 지원사업도 있다. 한국출판문화산업진흥원이나 거주지의 지자체, 도서관의 출간 지원을 살펴보자. 제작비를 지원받는 경우도 있고 특정 교육 수료 후 제작비를 지원받아 소량의 책을 만드는 워크숍 과정도 있다. KT&G 상상마당에서도 1인당 200만 원을 지원하는 2024 독립출판 지원사업 지-음 공고를 올렸고 전주에서는 2024 전주도서관 출판 제작 지원 공모사업을 통해 편당 600만 원의 제작지원금을 지급한다. 2023년에는 인쇄 산업의 중심지인 서울 중구에서 300만 원 규모로 독립출판물 제작 지원을 하기도 했다. 지원금의 집행 및 정산이 번거롭지만 제작비 부담을 줄일 수 있다는 점에서 도움이 되니 여력이 된다면 틈틈이 지원사업 정보를 살펴보자.

### 펀딩을 받아볼까요?

몇 권이나 팔릴지 수요를 예측할 수 있다면 몇 부나 찍을지 가늠하기 쉬울 터다. 그렇지만 가족이나 친구, 지인이 하는 책 나오면 꼭 살게, 라는 말은 사전 투자나 주문이 아니므로 섣불리 믿어서는 안 된다. 책이 나오자마자 사서 단숨에 읽고 싶어 하는 팬이라면 모를까 의리와 정, 응원하는 마음으로 책을 사주는 친구들은 사느라 바빠서 내 책에 신경 쓸 여력이 없다. 그렇다고 확실하게 하기 위해 출간 전부터 책값 먼저 보내달라고 말하기도 어렵다. 주변에 나를 아끼고, 지지하고, 돈도 줄 수 있는 사람이 있다면 적극적으로 후원이나 투자를 좀 해달라 시도해 볼 수는 있겠지만 쉬운 일은 아니다.

구현하고 싶은 아이디어를 소개하고 후원자들로부터 후원금을 모금하는 크라우드 펀딩은 이런 배경에서 탄생하지 않았을까 싶다. 와디즈나 텀블벅이 대표적인 곳으로서 창작자와 후원자를 연결하는 플랫폼이다. 이미 만들어진 제품을 판매하거나 앞으로 이렇게 만들어질 제품을 미리 주문받아 판매하는 게 아니라 제작 과정에 있는 프로젝트를 후원하는 개념이란다. 책을 만들고 싶지만 제작비가 부담되니 관심 있는 분들이 이 책이 세상에 나올 수 있게 도와주세요. 아주 좋은 책이랍니다. 후원자들이 실망하지 않도록 열심히 책을 만들고 출간이 성사되면 책을 보내드립니다. 예약 판매와 비슷한 말처럼 들리지만 거의 완성된 상품의 거래가 아니라 미완의 프로젝트에 대한 후원이다. 완성될 제품의 모습을 보지 못한 상태에서 돈을 낸다는 점에서 후원자는 너그러운 지지자다. 프로젝트를 완결하고 약속한 리워드를 후원자에게 전달하는 것은 창작자의 책임과 의무이고 플랫폼은 중재자로서 까다롭게 프로젝트를 심사하고 진행 과정을 투명하게 공유할 수 있는 장을 만들어준다. 개인이 감당할 수 있는 범위를 넘어 더 많은 사람에게 알리고 판매하고 싶다면 크라우드 펀딩을 이용하는 것 같다. 수수료는 조건에 따라 10~20% 정도다. 펀딩 과정 자체가 사전 홍보 활동이 되기도 한다.

크라우드 펀딩이 보편화되면서 알라딘, YES24에서도 북펀딩을 런칭했다. 다만 텀블벅과 와디즈는 개인도 프로젝트를 개설할 수 있지만 인터넷서점은 출판사만 가능하다. 1인 출판사를 등록하고 거래를 시작하는 게 아주 어렵지는 않지만 그래도 사업자가 되는 것이니 매출이 없다고 해도 신경 써야 할 일은 생긴다. 나는 어쩌다 출판사 등록을 했지만 인터넷 서점의 북펀딩은 정말 '업자'가 뛰어드는 시장 같아서 아직은 뛰어들지 않았다. 텀블벅을 이용한 펀딩은 언젠가는 경험해 봐야 할 것 같다. 아마도 이 책으로.

**내 돈, 우리 돈, 남의 돈 중에서 무슨 돈으로?**

# ISBN : 있으면 좋고 없어도 문제없고

**무등록! 이것이야말로 독립출판이지**

앞서 1인 출판사를 등록하는 게 어렵지는 않다고 썼다. 독립출판을 하면서 굳이 출판사를 창업할 필요는 없다고 생각해서 책 만들면 주변에 좀 팔고, 독립서점에 입고 문의해서 좀 보내고, 조금씩 야금야금 천천히 직접 판매할 계획이었다. ISBN<sup>International Standard Book Number</sup>을 받을 생각도 없었다.

ISBN은 국제표준도서번호다. 일반적으로 서점에 유통되는 책은 뒤표지에 바코드가 있고 밑에 작은 글씨로 숫자가 적혀있는데 그게 ISBN이다. 대한민국에서 인간이 태어나 출생신고를 하면 주민등록번호가 생기듯 전 세계에서 발행된 모든 책에 고유한 식별번호를 부여하는 시스템이다. 잡지 같은 정기간행물에는 국제표준 연속간행물 번호인 ISSN<sup>International Standard Serial Number</sup>을 부여한다.

출판사를 창업해서 본격적으로 책을 내고 유통하고 판매할 게 아니라 경험 삼아 독립출판물 한번 만들어보는 거니까 귀찮게 ISBN을 뭐 하러 등록하냐 하지 말아야지, 전국의 대형 서점이나 인터넷 서점에서 살 수 있는 책이 되는 게 목표가 아니지 않나. 무등록 책이면 어때! 독립서점에서 판매하는 데는 아무 지장도 없잖아. 나는 직접 책을 만들어 팔아 보고 싶을 뿐이야. 그렇게 결정하고 신나게 인쇄를 마쳤는데 나중에 알고 보니 지원금으로 제작한 책은 ISBN 발급이 필수 조건이었다. 서둘러 발급 절차를 알아봤다.

## 대행업체 이용과 직접 발급

ISBN은 출판사에서 국립중앙도서관에 발행처 신청을 먼저 하고 각각의 책에 등록번호를 부여받는 방식으로 발급된다. 직접 출판사 사업자등록을 하지 않은 개인이 ISBN을 발급받고 싶을 때는 인디펍 등 발급을 대행해 주는 출판사를 이용하면 된다. 그럴 땐 판권 면 발행처를 그 출판사로 표기한다. 비용은 5만 원~20만 원 사이였다. 판권 면은 책의 맨 앞이나 뒤에 저자, 발행일, 발행처 등을 기재하는 면이다. 영화의 엔딩크레딧처럼 제작에 관여한 글 작가, 그림 작가, 사진 작가, 편집자, 디자이너, 인쇄소와 제본소, ISBN 등 책과 관련된 정보를 표기한다.

  고민이다. ISBN 발급만이 목적이라면 대행업체를 이용해도 되지만, 내 책에 생뚱맞은 출판사의 이름이 찍히는 건 싫었다. 서둘러 출판사 사업자등록을 하고 ISBN을 발급받았다. 신청 방법과 납본 절차는 인터넷 선배님들이 자세하게 설명해 놓은 것을 참고했다. ISBN을 발급받기로 했다면 인쇄 발주 전까지 번호를 받을 수 있도록 표지가 결정되자마자 발급을 신청해야 한다. 표지 이미지와 목차, 책에 대한 정보를 함께 제출해야 하기 때문이다. 짧으면 1~2일 이내에 처리되지만 넉넉하게 일주일 정도 생각하면 좋다. 〈소탐대전〉은 인쇄를 마친 후에 번호를 발급받아서 별도로 스티커를 제작해 일일이 책에 붙였다.

  ISBN을 발급받으면 책이 세상에 공식적으로 등록된 셈이다. 국립중앙도서관에 내 책이 있는 건 좀 설레는 일이긴 하지. 인터넷 서점에 등록해서 온라인 판매를 할 수도 있다. 인디펍에 입고하면 알라딘과 예스24, 교보문고에도 등록이 된다. 우수 도서 선정 등 각종 지원사업에 신청할 자격도 생긴다. 누군가 희망 도서로 신청하면 우리 동네 도서관에도 비치된다. 희망 도서는 저자 본인이 직접 신청하면 안 된다고 하던데 해보지 않아서 정확히는 모르겠다.

  ISBN이 있는 〈소탐대전〉과 없는 〈오늘 또 미가옥〉을 비교했을 때 판매량이나 온라인 노출면에서 ISBN 여부가 조금은 영향이 있는 것 같다. 출판사 창업을 했다면 책을 낼 때마다 각각 발급 비용이 드는 것도 아니니 굳이 안 할 필요도 없지 싶다. 다음부터는 판매용 책이라면 모두 ISBN을 발급받으려고 한다.

## 출판사 창업 (신고 및 사업자등록)

  ISBN을 직접 발급받기로 하고 얼떨결에 출판사 사업자등록을 했다. 다행히 2016년의 내가, 혹시라도 언젠가 출판사를 창업한다면 연필농부라는 이름으로 하겠다고 생각해 출판사 신고를 해두었다. 서둘러 관할 기관(시청/군청/구청)에 가서 주소 변경을 하고, 세무서에 가서 사업자등록을 했다. 1인 출판사 창업에 관한 안내도 인터넷 선배님들이 자세히 올려 두었다. 출판사 신고확인증을 발급받는 데는 며칠 걸리고 사업자등록은 당일에 바로 된다.

  사업자등록이 있으면 계산서를 발행할 수 있으니 독립서점과 거래할 때도 수월하다. 출판업은 면세사업자라 세금 업무가 많지 않을 테니 사업자를 내는 것도 고려해 볼 만하다. 매년 등록면허세 27,000원을 납부해야 하지만 ISBN을 발급받는 데 드는 대행료보다 싸다. 1년에 한 권 이상 책을 내고 ISBN을 발급받고자 한다면 출판사, 까짓거 창업하세요. 그래서 창업했는데 생각보다는 신경 쓸 게 많긴

하다.

  부가세를 면제해주는 것이지 소득신고를 안 해도 된다는 뜻은 아니었는데 면제라는 말만 기억해서 그냥 내 맘대로 세금도 안 내는 줄 알았다. 소득이 적으면 별로 어렵지 않겠거니 생각하면서 첫 종합소득세 신고 기간을 기다리고 있다. 부가세 신고는 상반기와 하반기 두 번 하는데, 면세사업자는 상반기에 매출과 매입에 관한 사업자 현황 신고를 해야 한다. 사업자라고 하기에도 민망한 수준의 금액이었지만 안 할 수는 없어서 겨우 신고를 마쳤다. 프로그램 구독료, 인쇄비, 홍보 물품 제작비 등을 비용으로 처리할 수 있을 거 같은데 개인적인 생활비 쓰는 카드랑 구분하지 않고 섞어 쓴 데다, 사업자등록도 늦게 내서 매입 비용을 제대로 정산하지 못했다. 매출이 워낙 적으니 상관없을 거라는 마음으로 매입 비용은 0으로 써서 냈다. 신고 기간인 5월에 어떤 일이 벌어질지 조마조마하다.

  사업자에게는 인디자인, 포토샵 같은 어도비 프로그램을 사용할 때 부가세를 면제해준다. 계정 관리 - 결제 방법 관리로 가서 사업자등록번호를 기재하면 다음 달부터 적용된다. 사업자를 낸 친구들이 알려줬는데 깜빡 잊고 몇 달 뒤 결제 카드 변경하려고 들어갔다가 기억났다. 이미 구독하고 있다면 몇천 원이라도 절약하시길. 일 년 쌓이면 얼마야.

[정리] 내 출판사 이름으로 ISBN 발급받는 법

A. 출판사 창업

1. 관할 기관(시청/군청/구청)에 신고

2. 며칠 뒤 신고확인증 받고 면허세 납부

3. 관할 세무서에 사업자등록(온라인 가능), 전자계산서 발급용 보안카드 받기

(사업자 전용 은행 계좌 개설해서 자금 분리하면 좋음, 전용 신용카드 발급받거나 홈택스에서 기존 카드 사업자용으로 지정해서 개인 생활비와 구분해서 사용)

B. ISBN 발급(온라인)

4. 국립중앙도서관 한국 서지 표지 센터 https://www.nl.go.kr/seoji에 발행자 번호 신청

5. ISBN 교육 이수

6. ISBN 신청

7. 바코드 이미지 다운로드하여 책 표지에 삽입 (판권 면에는 숫자만 기재)

**비용이 조금 들지만 ISBN 있는 게 더 좋더라고요**

# 본문 디자인 : 책의 외모와 인상

## 책의 인상을 결정하는 시안 작업

 시안은 책의 기초 계획이자 설계도. 판형은 시안 작업 전에 이미 정해져 있으면 좋지만, 시안이 왜 시안인가. 여전히 모르겠으면 여러 개로 시안을 만들어 결정하면 된다. 그런데 모든 경우의 수를 열어 놓고 작업을 하다 보면 정말로 막막하기 때문에 판형 먼저 정하고 판형에 맞는 본문의 디자인 요소를 결정하는 게 좋다. 수십에서 수백 가지 선택지 중에서 하나를 고르는 건 너무 어렵다. 하나를 결정해도 그 뒤에 따르는 결정이 줄줄이 기다리고 있으니 고민이 너무 많으면 길을 잃는다. 불안하고 아쉽더라도 하나씩 하나씩 정하고 앞으로 나아가보자.

비전문가이자 초보자인 우리는 먼저 감을 잡기 위해 종이에 실제 크기로 책의 모양을 그린다. (나중엔 이 크기 그대로 잘라서 볼 겁니다.) 판형 크기로 큰 네모를 그리고, 여백을 고려해 본문이 들어갈 네모를 그린다. 서체는 뭐로 할지, 본문에 글자는 몇 줄이나 들어가게 할지, 여백은 어느 정도 둘지, 쪽 번호는 위 아래 옆 중 어디에 표시할지 정한다. 정해진 내용으로 인디자인 프로그램을 켜서 시안 작업을 시작한다.

〈소탐대전〉은 가로 127mm, 세로 188mm이고 한 면에 평균 25글자씩 19줄이 들어간다. 서체는 을유1945체를 10크기로 사용했다. 바깥쪽과 위쪽 여백은 17mm, 안쪽 여백은 22mm, 아래쪽 여백은 28mm이었다. 책이 접히는 걸 고려해서 안쪽 여백이 바깥쪽보다 커야 하고, 쪽수를 표기할 아래쪽 여백은 더 넉넉하게 잡아준다.

다음으로는 한 꼭지의 글이 시작될 때 제목이 어디에서 시작할지, 본문은 어디에서 시작할지, 중간에 소제목이 들어간다면 제목과도 다르고 본문과도 다르게 어떻게 디자인할지 정한다. 〈소탐대전〉의 제목은 꼭지 본문과 다른 서체를 이용해 두 줄로 적고 그림을 넣은 뒤, 다음 쪽에서 본문이 시작하는 걸로 했다. 제목은 특징을 설명한 첫째 줄과 장소 이름인 둘째 줄의 서체를 다르게 했다. 〈오늘 또 미가옥〉은 항상 왼쪽 페이지에서 시작하는 걸로 하고 위에 작은 동그라미를 넣었다. 서너 줄 아래로 내려온 위치에 제목을 적고 다음 쪽으로 넘어가 항상 오른쪽에서 본문을 시작했다. (한 꼭지의 글에서는 제목을 제외한 내용을 본문이라 칭했다.) 맨 위에서 한두 줄 띄우고 제목, 다시 몇 줄 띄우고 본문을 시작하는 경우도 많다. 글의 시작을 항상 왼쪽이나 오른쪽에서 맞출지 상관없이 할지도 정해야 하고 본문 정렬도 왼쪽으로 할지, 가운데로 할지, 양쪽으로 할지 정한다. 〈소탐대전〉 제목은 가운데 정렬, 〈오늘 또 미가옥〉은 왼쪽 정렬이었다. 본문은 양쪽 맞춤(마지막 줄 제외하고 균등 배치)으로 했다.

〈속속독〉은 〈오늘 또 미가옥〉의 판형과 본문 스타일을 기본으로 삼았다. 가로 115mm, 세로 180mm 판형에 위

여백은 18mm, 아래 여백은 28mm, 안쪽 여백은 20mm, 바깥쪽은 12mm다. 한 면에 평균 23글자씩 18줄이 들어간다. 서체는 KoPub바탕체를 10크기로 사용했다. 보시다시피 왼쪽 정렬이다. 줄 간격은 21, 자간은 -50이다. 파트별 장도비라는 배경에 검은색 10% 음영을 넣었고 바로 뒷면부터 본문이 다시 시작된다.

  개별 꼭지 글의 제목은 본문과 같은 KoPub바탕체로 하되 크기는 13으로 키우고 두껍게 했다(Bold체 선택). 제목은 가운데 정렬로 하고 아래에 작은 그림을 넣었다. 다시 몇 줄 띄우고 본문을 시작한다. 글 중간중간 소제목을 달았는데 서체는 같고 크기는 10.5, Bold체.

  모델로 삼고 싶은 책을 한 권 정하고 그 책과 비슷하게 하되 개선할 점을 찾도록 하자. 〈오늘 또 미가옥〉을 모델로 삼은 동료는 자신의 책을 만들 때 판형은 거의 같게 하고, 본문 서체 크기를 키웠다. 서체의 종류와 크기에 따라 가독성이 좋은 자간과 줄 간격이 조금 달라지므로 시안이 여러 개일 경우 모두 4쪽 이상 본문을 출력하고 재단선을 따라 책의 실제 크기로 잘라본 뒤 살펴보자. 종이에 출력해서 그냥 보는 것과 실제 크기로 잘라서 보는 것은 느낌이 아주 다르다. 꼭 잘라서 보기를 권한다. 인디자인파일을 PDF로 내보내기 하고 종이에 출력하는 자세한 방법은 글의 뒷부분에 설명해 두었다.

 시안을 포함한 편집 디자인은 인디자인 프로그램을 이용하는데, 월 구독과 연 구독 중에서 선택할 수 있다. 월 구독은 4만 원대의 더 비싼 이용료를 내는 대신 월 단위로 해지가 가능하다. 연간 계약을 하면 월 3만 원 정도이지만 중간에 해지할 때 위약금을 문다. 한두 달 동안 바짝 작업해서 책을 만들 생각이라면 월 구독으로 충분하다. 연 구독을 할 경우 매년 11월 블랙프라이데이 행사 때 할인을 받을 수 있다. 이미 구독 중이라도 할인가로 변경하면 된다. 학생이나 교직원은 아카데미 할인도 받을 수 있다.

[정리] 본문 디자인 시안 작업 시 정해야 할 것

- 판형 (가로, 세로 크기 mm로)

- 본문 여백 (안쪽〉바깥쪽, 아래쪽〉위쪽)

- 제목과 본문의 서체와 크기 (줄 간격, 자간도 고려)

- 제목 위치 (왼쪽인지 가운데인지 오른쪽인지 정렬 결정, 면의 맨 위와 중간 어느 부분에서 시작할지)
- 본문 시작하는 위치 (제목 다음 쪽인지, 같은 쪽에서 몇 줄 띄우고 시작할지)
- 쪽 번호 넣는 위치, 서체와 크기

[참고] 무료 폰트 사이트 눈누https://noonnu.cc/font_page/pick와, 한국저작권위원회 공유마당https://gongu.copyright.or.kr/gongu/bbs/B0000018/list.do?menuNo=200195&amp;bbsSeCd=05에서 상업적으로 이용할 수 있는 안심 글꼴을 받아 설치한다.

## 책의 구성, 본문의 요소

책은 크게 표지와 내지(본문)로 나눌 수 있다. (표지와 면지를 제외한 내지를 모두 본문이라 칭했다.) 인쇄소에 출력을 맡길 때는 인디자인으로 작업해서 PDF로 변환한 표지 파일과 본문 파일을 보낸다. 표지와 본문 사이에 면지라고 부르는 색지가 앞뒤로 끼워져 있는 경우가 많은데 인쇄할 때 선택 사항으로 지정한다. 그래서 우리는 표지와 본문만 작업하면 된다. 보통은 본문부터 작업하고, 본문의 내용과 느낌을 고려해서 표지를 작업한다.

본문의 첫 페이지는 책마다 다르다. 헌사(누군가에게 바치는 글, 감사의 글)나 발문(본문에서 발췌한 문장)으로 시작하거나 표제지로 바로 시작한다. 표제지에도 제목만 있는 반표제지(약표제지)와 표지처럼 제목, 저자, 출판사명이 모두 표시된 표제지가 있는데 이 책〈속속독〉은 둘 다 있다. 보통 제목만 있는 반표제지로 책이 시작되고 다음 장에 표지와 같은 디자인으로 표제지를 넣어 이 책이 어떤 책인지 상기시킨다. 표제지의 디자인을 표지와 달리 별도로 하는 경우도 있다.

본문 글이 시작되기 전에는 목차가 필요하다. 본문 앞뒤로 여는 글(프롤로그)과 닫는 글(에필로그)은 책의 성격에 따라 있기도 없기도 하다. 들어가는 글, 나가는 글이라고 부르기도 한다. 서문(머리말)만 넣기도 한다. 〈소탐대전〉은 책의 앞머리에 '대전을 쓰는 마음'이라는 서문을 넣었고 〈오늘 또 미가옥〉은 여는 글과 닫는 글을 모두 넣었다. 후기,

감사의 글 등 본문 뒤에만 추가 글이 들어가는 책도 있다.

본문의 맨 앞이나 뒤에 들어가는 판권 면도 책의 필수 요소다. 영화의 크레딧처럼 저자, 저작권자, 발행일과 ISBN, 출판사 등 책에 대한 모든 정보가 들어있다. 기획, 편집, 디자인, 교정, 인쇄까지 넣기도 한다.

머리말, 목차 등 부속 요소를 제외한 진짜 본문, 즉 본격적인 글에서 장이나 부를 구분하는 속표지가 필요한 경우도 있다. 업계에서는 장도비라는 용어를 사용한다. 장제목만 적거나, 본문과 다르게 별도로 디자인한 면을 끼워넣기도 한다. 〈소탐대전〉에서는 성격이 달라지는 글의 시작 부분에 작은 그림만 가운데 배치한 속표지를 넣었고, 마지막에는 글마다 배경색을 달리하여 문이 닫히는 그림을 넣었다. 흑백 인쇄 책인 〈오늘 또 미가옥〉은 특별히 장 구분을 하지 않아 속표지는 부록에만 들어간다. 회색으로 배경색을 넣고 제목과 작은 그림을 넣었다. 〈속속독〉에서는 파트별로 파트 제목을 넣은 속표지를 추가했다.

본문 디자인은 이러한 요소 중에 무엇을 책에 포함할지, 어떤 순서로 배열할지, 각각의 요소는 어떻게 배치할지를

모두 아우른다. 〈속속독〉의 본문은
반표제지-표제지-프롤로그-차례-본문(파트별 속표지-글과
그림)-에필로그-판권으로 구성되어 있다.

 본문 디자인하는 법을 바로 시작할 거니까 물 한 잔 마시고
오세요. 조금 복잡해 보일 수 있지만 캡처한 화면 이미지를
넣지 않고 글만 이용할 것이다. 책에 이미지를 넣으려면
편집과 보정을 잘해야 하고 판형도 키워야 한다. 컬러
인쇄라도 하게 되면 인쇄비도 많이 든다. 화면을 보면서
따라 하는 건 유튜브나 블로그 등에서도 얼마든지 찾아볼 수
있으니 나처럼 글이 편한 사람을 위해 약도 없이 말로 길을
알려준다고 생각하고 최선을 다해 쉽게 설명해보겠다.

### 인디자인으로 엉금엉금 본문 시안 만들기

준비물 : 본문 글 한 꼭지, 인디자인이 깔린 컴퓨터

 편집프로그램 인디자인을 설치하고 용법을 익혀가며 시안

작업부터 시작해보자. 이 책만 보고서도 독립출판물을 뚝딱 만들 수 있도록 최대한 쉽게, 책을 만드는 데 필요한 내용과 아는 것만 쓰려고 한다. 인디자인을 전혀 다룰 줄 몰랐던 사람이 배워가면서 서너 권의 책을 만들었고 생초보를 가르쳐본 경험도 있다. 때로는 너무 많은 것을 알려주는 고급반 선생님보다 나보다 조금 더 아는 옆자리 친구가 오히려 훌륭한 스승이다.

어도비 홈페이지에서 연 구독으로 할지 월 구독으로 할지, 인디자인과 포토샵 등 모든 프로그램을 사용할지, 인디자인만 할지 등등 플랜을 결정하고 결제한다. 프로그램 설치는 어렵지 않은 편이지만 그래도 술술 풀리지 않는다면 인터넷에 올라온 설치 방법이나 후기를 찾아 읽으면서 해결해보자. 이 정도는 할 수 있어야 앞으로 하는 말도 알아들을 수 있다.

진짜 시작합니다. 하나씩 천천히 따라오세요.


작업에 들어가기에 앞서, 작업하기 좋은 환경을 만들어야 한다. 인디자인 프로그램을 열고 왼쪽에 각종 화살표와 박스와 아이콘이 들어 있는 도구 패널, 위쪽에 XY축 위치와 넓이와 높이 수치가 적힌 컨트롤 패널이 활성화되어 있는지 확인한다. 보기 메뉴에서 창을 선택하여 페이지, 속성, 단락 등 자주 쓰는 창이 나와 있도록 설정한다.

1. 새 파일 만들기
- 메뉴에서 새로만들기–문서 선택하여 새 파일(문서)을 생성한다. 판형이나 여백 등 필요한 수치는 〈속속독〉을 예로 들 것이다.
- 파일명은 '제목_본문_오늘날짜'로 한다. 아직 제목이 정해지지 않았다면 직관적이고 단순한 가제로 작업한다. 〈속속독〉은 이름을 얻기 전까지 '독립출판'이었다. 매일 백업파일을 만들면서 작업하는 습관을 길러야 만약의 사태에 대비할 수 있다. 다음날 작업을 이어가게 될 때 파일명을 '제목_본문_다음날날짜'로 해서 다른 이름으로 저장한다. '독립출판_본문_20250110'으로 시작해서 다음날엔 '독립출판_본문_20250111' 이런 식으로

새로 저장한다.

- 정해놓은 판형에 맞게 폭과 높이 입력 (폭 115, 높이 180)
- 세로 방향, 왼쪽 바인딩 선택
- 페이지는 일단 5 입력
- 페이지 마주보기 선택
- 도련은 상하좌우 3, 슬러그는 0 입력 (기본으로 이렇게 설정되어 있으면 그대로 둠)
- 여백 및 단 클릭 후 여백 입력 (위 18, 아래 28, 안쪽 20, 바깥쪽 12)
- 열 1, 간격 그대로 두고 확인 클릭
- 높이 134, 폭 83의 본문 상자가 1개 생긴다. (판형에서 입력한 책의 높이 180에서 위아래 여백 46을 빼면 134가 나온다. 마찬가지로 책의 폭 115 - 양쪽 여백 32 = 본문 폭 83)

2. 마스터페이지에서 쪽 번호를 입력한다.

- 마스터페이지(약칭 마스터)를 만들고 마스터에 뭔가를

하면 그 마스터를 따르는 모든 페이지가 마스터와 같아진다. 마스터의 스타일이 각각의 페이지에 적용되는 것이다. 쪽 번호를 입력하거나 페이지마다 책 제목이나 장 제목이 반복되어 나타나게 하고 싶을 때 마스터를 이용한다. (쪽 번호를 표기하지 않는 무지 마스터, 장도비라로 디자인한 마스터 등 필요에 따라 여러 종류를 생성한다.)

- 페이지 창에서 위쪽 마스터 부분으로 클릭해서 이동
- (작업 화면으로 커서 이동) 아래쪽에 쪽 번호가 들어갈 텍스트 상자 생성 후, 여백을 기준으로 가운데 정렬 (상자의 크기와 위치 : 폭 12, 높이 4.5, X 47.5 Y 163.5)
- 쪽번호 입력. (문자-특수문자 삽입-표시자-현재 페이지 번호)
- 서체 지정, 크기 설정, 가운데 정렬 (강원교육모두체, 크기는 9)
- 왼쪽 페이지에 먼저 쪽 번호가 들어갈 상자를 만들고 복사해서 오른쪽 페이지에도 붙인다. 복사 후 현재

위치에 붙이기 하면 겹쳐서 생성된다. 쪽 번호 상자가 선택되었을 때 시프트를 누른 채로 마우스나 키보드 화살표키로 이동하면 복사된 쪽 번호 상자가 평행으로 이동한다. 오른쪽 페이지로 적당히 옮긴 뒤 여백 기준으로 가운데 정렬 (좌표는 X 170.5 Y 163.5)
- 저장


3. 본문 한 꼭지 원고를 흘려보자. (텍스트 자동 흘림)
- 마스터 말고 본 페이지 화면으로 이동하여 작업한다.
- 도구 패널에서 텍스트 박스를 선택하고 마우스를 드래그하여 텍스트 박스 생성. (폭 83, 높이 134, X 12 Y 18)
- 워드프로세서에서 원고 한 꼭지 복사하여 인디자인 텍스트 박스에 붙이기
- 본문 텍스트 속성 설정. (KoPub바탕체, 크기10, 자간-50, 줄 간격 21, 왼쪽 정렬)
- 텍스트 상자가 가득 찰 것이다. 상자가 작아서 다 들어가지 못하는 텍스트는 자동으로 이어지도록

시프트를 누른 상태에서, 텍스트 상자의 끝부분 빨강 플러스를 클릭한 뒤 다음 페이지 텍스트 박스 시작점에서 클릭한다.
- 짜잔, 자동으로 페이지가 생성되며 글의 끝까지 본문이 채워진다.

4. 기준선 격자 보기
- 양쪽 페이지의 본문이 같은 줄에 있도록 맞추거나, 시작과 끝줄 위치가 정확한지 확인하기 위해 기준선 격자를 보면서 작업하는 게 좋다. (보기-격자 및 안내선-기준선 격자 표시)
- 기준선 격자 설정을 본문 아래쪽에 딱 맞추면 밑줄이 생긴 것처럼 한결 보기 편하다.
(환경설정-격자-시작은 폰트크기와 같은 10, 기준은 위쪽 여백, 간격은 본문 간격과 같은 21)

5. 제목, 소제목, 본문 스타일 결정
- 앞으로 다룰 모든 선택이 다 디자인 요소다. 보기

좋은, 좋아하는 꼴로 결정해서, 조금씩 작업하면서 마음에 드는 걸 찾는다.
- 띄어쓰기나 줄 바꿈 표시 등을 보고 싶다면 문자-숨겨진 문자 표시
- 스타일을 생성해 두면 본문의 다음 꼭지 글을 흘릴 때 일일이 속성에 들어가서 설정해주지 않아도 된다. 다음에 본문 서체나 제목 서체를 바꾸려고 할 때 문단별로 하나씩 하지 않고 지정해둔 스타일만 수정하면 되므로 스타일 지정은 필수다.
- 단락 스타일 창을 클릭 (창-스타일-단락 스타일) 아래쪽 플러스 표시-새 스타일 만들기-스타일 이름 지정
- 제목, 소제목, 본문 등 필요한 스타일을 모두 지정한다.
- 본문 스타일 지정할 때 문단 시작하는 들여쓰기 설정하기. 크기는 2.
- 스타일 지정 후에도 스타일을 편집할 수 있다. 본문 작업 중에 들여쓰기, 줄 간격, 정렬 등 변경 사항이

생기면 스타일 옆에 + 표시가 생긴다. 전체 스타일을 모두 변경해 앞으로 수정된 스타일로 반영하고 싶으면 마우스 오른쪽 클릭한 뒤, 스타일 재정의를 누른다.

6. PDF로 내보내기 해서, 종이에 출력 후 책 모양으로 접어서 페이지를 넘기며 확인

- 읽기에 괜찮은지, 본문을 비롯해 제목이나 소제목, 쪽수 등 크기, 위치, 서체가 적절한지 살피기 위해 꼭 출력해 보고, 실제 크기로 잘라서 본다.
- 출력하기 위해서는 PDF 파일로 만들어야 한다. 파일-내보내기-PDF(인쇄용) 선택하고 파일명 지정(독립출판_본문시안_20250115). 페이지 범위 지정, 내보내기 형식은 스프레드로 선택. 표시 및 도련 탭에서 재단선 표시
- 독립출판_본문시안_20250115.pdf 파일 출력 후 검토. 재단선 따라 실제 크기로 잘라서 책처럼 페이지를 넘기며 확인할 것
- 수정이 필요하면 다시 작업해서 꼭 다시 출력해본다.

## 책의 성격을 드러내는 조판 작업

 여러 번의 수정과 조정 끝에 디자인이 정해졌다. 그렇다면 본문을 흘릴 차례다. 전체 원고 파일을 가져오기 메뉴에서 한 번에 자동으로 흘릴 수도 있고, 부와 장의 구분에 따라 원고 파일을 몇 개로 나누어서 인디자인의 텍스트 박스에서 불러온다. 편집하기에는 파트별로 흘리는 것이 편하다. 한글 프로그램에서 원하는 만큼씩 텍스트 선택 후 복사하기-인디자인 텍스트 박스에 붙여넣기로 해도 된다.
 텍스트를 다 흘리고, 제목, 소제목 등의 스타일을 적용하면서 페이지를 확인한다. 흥미와 적성이 맞지 않는 사람에게는 귀찮고 번거로운 작업이지만 책이 만들어지는 모습을 확인할 수 있으니 신기하고 재미있다.
 텍스트를 흘리면서 이미지도 삽입한다. 글과 어울리는 위치를 임시로 정한다. 꼭지별로 들어갈 그림의 개수와 구역을 먼저 정하고, 글과 그림의 거리를 고려해서 너무 멀어지지 않게 한다. 1교 수정 후 재조정을 할 때 위치, 크기, 모양을 고려하면서 정확한 위치를 정한다. 1교 후 파일을 수정하다 보면 처음에 정한 그림 위치가 어울리지 않을 수도 있기 때문이다. 2교부터는 웬만하면 본문 페이지가 오락가락하지 않도록 두 번째로 그림 위치를 정할 때 지금이 마지막이라는 생각으로 한다. 〈소탐대전〉과 〈오늘 또 미가옥〉에서 그림 위치를 잡는 게 어려웠던 터라 〈속속독〉은 안전하게 글이 다 끝나고 난 뒤에 그림을 넣었다.

  이미지를 넣을 때는 프레임을 먼저 만들고 파일-불러오기(컨트롤+D)로 이미지를 가져온다. 이미지를 삽입하기 전에 포토샵에서 해상도가 300이상 인지 CMYK 모드인지 확인하는 것도 잊지 말자. 프레임보다 이미지가 클 경우에는 프레임의 크기만큼만 이미지가 보일 것이다. 그때는 속성 패널의 프레임 맞춤 메뉴를 이용해 조정한다. 선택 툴을 눌렀을 때 파란색 선이 보이면 프레임이 선택된 것, 갈색 선이 보이면 이미지 파일이 선택된 것이다. 크기를 조정할 때 헷갈리지 않도록 하자.

  이미지 보정이나 편집은 포토샵을 이용한다. 인디자인에서 그림을 삽입할 때는 텍스트를 흘릴 때보다 디자인을 더 신경 써야 한다.

**표지를 가끔 생각하자**

표지 디자인과 본문 디자인을 동시에 하는 사람도 있겠지만, 본문 작업을 마치고 책의 내용과 컨셉이 완전히 소화되었을 때 작업하는 게 좋았다. 그래도 본문 작업 틈틈이 표지에 대한 아이디어는 가지고 있어야 한다.

**가꾸고 또 가꿔서 이렇게 만들어야지**

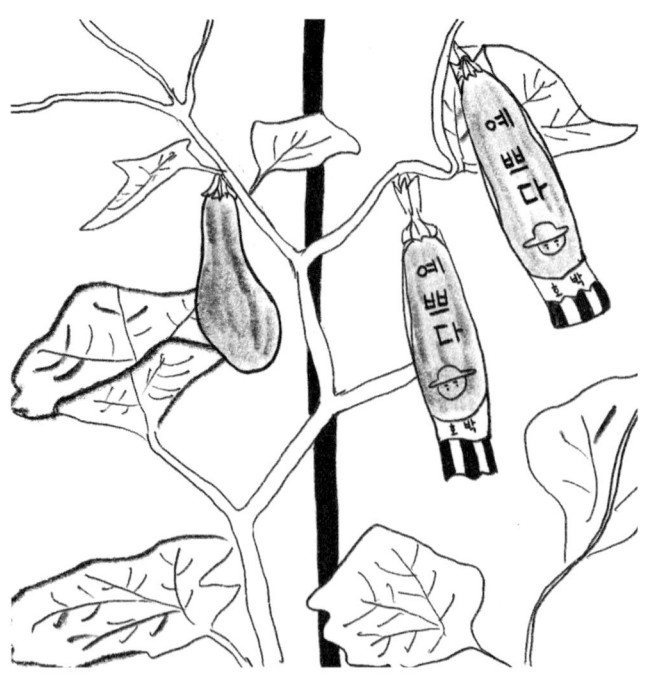

# 교정 : 보고 또 보고, 고치고 또 고치고

**이제 집중력이 필요합니다**

본문 텍스트를 인디자인 파일로 다 흘렸다. 출력하면 책의 낱장이다. 책의 꼴로 디자인된 글을 보면 이게 곧 책이 되겠구나 싶어 기쁘고 설렌다. 한글 프로그램에서 적당히 문단만 구분된 글로 볼 때랑 다르다. 책처럼 보인다.

퇴고와 퇴고와 퇴고를 거쳐 완성된 원고를 만들었으니 이제는 교정과 교정과 교정을 볼 차례다. 보통 교정이라고 부르는 과정은 교정과 교열을 포함해 글에 문제가 없도록 만드는 일이다. 굳이 구분하자면 글 내용에 오류가 없도록 특정 사건의 연도, 과학적 진리 등 사실 관계를 확인하여 바로잡는 일이 교열이고, 문법에 맞지 않는 표현, 맞춤법이나 띄어쓰기 틀린 것, 오탈자를 찾아내 고치는 것이 교정이지만 우리 입장에서 그 구분이 중요하지는 않다. 어쨌거나 글이 논리적으로 잘 흘러가는지 어색한 표현은 없는지 지나치게 설명이 생략되어 있거나 불필요한 서술이 있는지 살펴 더 좋은 글이 되도록 단어나 문장을 수정하고 매만져야 한다. 그것도 여러 번.

교정을 보기 위해 뽑은 출력물을 교정지라고 하고 첫 번째 과정이 1교이니 그 문서는 1교다. 종이를 절약하기 위해 PDF 문서로 아이패드 등 태블릿에서 교정을 보기도 한다. 내보내기 파일명은 '독립출판_본문_1교_2025017.pdf' 정도가 좋겠다. 자, 이제 교정을 시작합니다.

**1교는 내용 중심으로 사실 확인 및 짜임새 챙기기**

1교에서는 기술된 내용이 정확한지 확인하면서 전체적인 글의 맥락을 살핀다. 문단과 문단의 연결이 자연스러운지,

논리에 비약은 없는지, 글에 통일성과 완결성이 있는지, 책의 주제에 맞는지를 본다. 쉽게 이해가 가지 않는 부분은 풀어쓰고 동떨어진 부분은 삭제한다. 초고를 완성한 뒤의 퇴고와 비슷한데 글로부터 훨씬 더 거리를 두고 저자가 아니라 편집자의 관점으로 글을 잘 읽히게 만든다. 책의 구성 안에서 글의 순서가 바뀌면 좋을 부분은 없는지, 장의 구분은 적절한지, 독자 입장에서 각각 글의 분량이 적당하고 짜임새 있게 구성되었는지 확인한다. 정치적 윤리적으로 올바른 내용인지, 고정관념으로 인해 자신도 모르게 차별적인 표현을 쓰진 않았는지 혐오나 비하의 내용, 무분별한 외래어 등 그른 말을 사용하지는 않았는지 살펴본다. 그렇게 내용을 파악하면서 그림이 제 자리에 들어가 있는지, 더 좋은 자리로 옮기는 게 좋을지, 그림의 크기나 페이지 내에서의 위치도 적절한지 본다. 종이 또는 PDF 화면에 빨간 펜으로 표시하면서 교정을 보고, 마친 뒤에는 인디자인 파일에서 수정한다.

  수정한 인디자인 파일을 저장(독립출판_본문_2교_20250120)하고 PDF로 내보내기한 뒤 출력하면 그게 2교지가 된다. 2교지를 출력하기 전에, 화면상으로 그림 위치는 적당한지 텍스트가 넘치는 곳은 없는지 꼼꼼히 확인하자. 처음에 구성한 페이지와 달라져 그림이 딴 데 가 있거나 그림 때문에 텍스트가 밀려서 텍스트 넘침 오류가 생기기도 한다. 텍스트가 넘쳐서 빨간 더하기 표시가 생겼을 때는 새 페이지를 삽입하고 텍스트를 추가로 흘린다. 그림의 크기나 위치를 수정하면 쪽수가 늘어나거나 줄어 페이지 구성이 완전히 달라지기도 하는데 정신을 똑바로 차리고 장의 구분, 속표지 등 텍스트 상자가 없는 쪽도 잘 확인해야 한다. 이런 경우를 페이지가 틀어진다고 하는데 1교와 2교 사이에서 흔하게 생기는 일이다. 임시로 텍스트를 흘리고 그림을 앉혀놓았으니 당연하다. 2교 이후에는 페이지가 틀어지지 않도록 신경 써야 하므로 이 과정에서 정확하게 본문의 구성, 몇 쪽에 무엇이 들어갈지를 확정해야 한다.

  2교지를 출력했다면 교정을 보기 전에 1교 수정 사항이 잘 반영되었는지 확인해야 한다. 빨간 비가 우수수 내리는 1교지와 새로 나온 2교지를 나란히 두고 수정 사항이 제대로 반영되었는지 1교지에 체크해가면서 본다. 빠진 부분은 2교지에 적어 둔다. 이 과정을 수정 대조라고 부른다. 사람이 하는 일이라 깜빡 잊고 수정 사항을 빼먹기도 하고, 의도한 바와 다르게 수정되거나 의외의 오타가 삽입되기도 한다.

대조까지 마치면 이제 드디어 2교를 볼 준비가 되었다.

### 2교는 문장으로 더 들어가기, 그림과의 조화 확인하기

2교 파일(독립출판_본문_2교_20250120)을 PDF로 내보내기 과정을 거쳐 종이나 화면으로 출력했다. 1교를 화면으로 보았다면 2교는 종이로 출력하는 것을 권장한다. 최소한 한 번은 종이에 출력해서 보는 게 좋다. 2교에서는 문단과 문단 사이 비약은 없는지 비문은 없는지 문장 위주로 꼼꼼히 살핀다. 편집자로서 교정을 보고 있지만 실제로는 저자이기 때문에 볼 때마다 글의 표현을 조금 다르게 바꾸고 싶다거나 내용을 다시 쓰고 싶은 충동이 있을 것이다. 그런 과정은 1교에서 끝내야 한다. 2교에서는 내용을 최대한 그대로 유지하면서 완전한 문장을 만드는 노력을 하자. 더 좋은 표현 방법이나 형식이 없는지 궁리하고 반복적으로 사용하는 단어를 빼고 다른 말로 바꾼다.

그림이 들어간 자리가 내용과 조화로운지 다시 한번 확인한다. 그림 위치를 확정하고 페이지를 흔들지 않는 게 목표이긴 하지만 이게 정말 괜찮을지 마지막 기회라는 마음으로 본다. 2교를 마치고 나선 1교 때와 마찬가지로 인디자인 파일에서 수정한다. 3교지를 뽑기 전에 화면이나 태블릿에서 수정 대조를 먼저 하고 그림 위치도 확인한다. 그런 다음 서문, 차례, 판권 등 본문 외 추가 텍스트를 작성하고 그 부분을 디자인한다. 옵셋 인쇄를 할 때는 전체 쪽 수가 4의 배수가 되어야 하므로 차례나 서문 등의 쪽수를 늘리거나 줄이고, 판권 면 앞이나 뒤에 빈 면을 넣어서 숫자를 맞춘다. 디지털 인쇄는 짝수로만 맞추면 되니 크게 신경쓰지 않아도 된다.

부속 원고까지 모든 쪽을 전체적으로 다 뽑아서 종이로 교정을 보는 게 가장 좋지만 상황이 여의치 않다면 새로 작업한 부속과 본문 한 꼭지만이라도 출력해 자연스럽게 연결되는지 확인한다. 가능하다면 전체를 다 출력해서 보는 게 좋다.

## 3교는 한 글자 한 글자 파헤치며 오타 잡기, 글 수정하지 말 것

  3교에서는 단어와 글자를 꼼꼼히 볼 차례다. 이미 잡아 놓은 그림 자리, 장의 구분, 쪽수가 흔들리지 않도록 여러 문장을 추가하거나 삭제하지 않는다. 오탈자, 순서가 뒤바뀐 글씨 등을 샅샅이 글자 단위로 보면서 찾는다. 차례에 해당 쪽수를 적는다. 보고 또 봐도 오타가 발견된다. 3교에서는 오탈자 없는 책을 만드는 것을 목표로 한다. 새로운 문장이나 단어로 수정하는 경우 오탈자의 생성 가능성도 그만큼 높아진다. 조각이나 목공도 마지막은 매끄럽게 만드는 사포질이나 아주 미세한 부분을 털어내는 수준으로 마감 작업을 한다. 글도 마찬가지다. 뭘 고치는 게 아니라 틀린 것, 이상한 것을 털어내는 데 집중한다.
  쪽 번호가 빠진 곳은 없는지, 전체 면에 그림이 들어가거나 장을 구분하는 속표지처럼 쪽 번호가 들어가면 안 되는 곳에 들어가지 않았는지 확인한다. 꼭지마다 글의 시작점 위치는 같은지, 제목 스타일이 잘 반영되었는지도 마지막으로 점검한다. 이제 3교 파일을 수정하고, 저장하고, 2교지와 대조한다. 최종교가 완성되었다.

**교정 수정 대조 교정 수정 대조 교정 수정 대조 반복**

# 추가 디자인 : 편집과 디자인 끝내기

## 책의 모든 페이지에 디자인이 필요합니다

앞선 글에서 표제지와 속표지 등 본문 원고 외 기타 원고에 대해서 설명했다. 본문 교정을 볼 때 3교에서는 모든 내지, 즉 표제지를 포함해 장을 구분하는 속표지(장도비라)와 본문 앞뒤로 책을 구성하는 전체 페이지를 디자인하고 함께 교정을 봐야 한다. 출판사에서는 편집부와 디자인부가 업무를 나누어서 편집자가 본문 교정을 보는 동안 디자이너가 추가 페이지 디자인을 하지만 혼자서 다 하는 독립출판에서는 2교를 마치고 추가 디자인 작업을 마저

하면 된다. 익숙해지면 각자의 작업 방식에 따라 응용이 가능하다. 나는 본문 디자인이 정해지면 텍스트만 흘려서 태블릿으로 0.5교를 보고 그림 위치를 잡아 본문에 이미지를 추가해서 정식으로 1교를 본다. 2교는 종이로 출력해서 글과 그림을 동시에 꼼꼼히 보고, 부속 원고 등 추가 페이지를 모두 포함해서 3교를 본다. 수정이 많아 안심이 되지 않으면 4교, 5교까지 본다.

### 표제지와 속표지

제목만 들어가는 반표제지는 바로 뒤에 나올 표제지의 제목보다 크기가 작은 편이던데 이유가 있는 건지, 통상적으로 그렇게 하는 건지, 그게 더 보기에 좋아서인지는 모르겠다. (혹시라도 전문가가 보기에 너무 기본을 모르거나 잘못된 사실을 적고 있으면 어쩌지? 엄청 큰일이야 나겠어요. 내가 좋아해서 만드는 독립출판물인데 하고 싶은 대로 하고 자기 마음에 드는 게 제일 먼저겠죠.) 반표제지는 엄숙하게 책의 제목만 알려주는 느낌이라면 표제지는 표지의 컨셉과 이어지는 것 같았다. 표지와 같은 디자인이거나 톤을 맞춰 제목과 부제, 저자, 출판사명을 모두 표시한다. 〈오늘 또 미가옥〉은 반표제지에는 본문 서체로 제목만 쓰고, 표제지는 표지와 똑같게 그림도 넣고 제목의 귀엽고 통통한 서체도 그대로 사용했다. 〈소탐대전〉의 반표제지에는 제목만 넣었는데 표지 서체를 그대로 사용했다. 표제지를 표지와 같게 하기에는 그림이 너무 많아 하나만 골라 놓았다. 반표제지의 제목 서체를 표지와 같게 할지, 본문 서체로 얌전하고 엄숙하게 할지 정하자. 반표제지를 생략해도 된다.

맨 앞에 짧은 문장이 들어간 페이지가 있는 경우에는 그 페이지도 신경 써서 디자인하자. 당연히 문구 선택도 신중하게. 헌사나 발문, 책 내용과 연관된 명언을 넣기도 한다. 지금은 제작자로 열심히 책을 만들고 있지만 동시에 독자인 우리도 앞부분만 펼쳐보는 책이 얼마나 많은가. 서문이나 본문의 첫 문장처럼 책의 첫 부분은 매우 중요하다.

〈속속독〉 장도비라처럼 배경색을 주고 싶다면 페이지보다 큰 상자를 만들어서 색을 채우고 본문 글자 상자보다 뒤로 배치하면 된다. 도련으로 설정한 3mm까지 충분히 덮을 수 있도록 한다.

## 들어가는 글과 나오는 글

 보통 본문과 본문 외 글은 조금 다르게 디자인하는 편이다. 본문 제목에 사용하는 서체보다 조금 힘을 빼서 크기를 줄이고 부드럽거나 얇은 서체를 사용한다. 글이 시작되는 위치도 본문과 다르게 디자인해서 글을 읽기 전부터 성격이 다른 글임을 드러낸다. 〈소탐대전〉의 서문은 같은 서체를 사용했지만 본문처럼 시작할 때 그림을 넣지 않고 글 마지막에 넣었다. 〈오늘 또 미가옥〉은 여는 글, 본문, 닫는 글, 부록으로 구성되는데 본문 외의 원고는 단순한 서체로 제목을 표기했다. '여는 글'이라는 표지도 넣을지 말지 선택해야 하는데 보통은 넣는다. 〈소탐대전〉은 '서문' '프롤로그' 등의 표지를 따로 넣지 않았는데 중간에 들어가는 성격이 다른 원고에도 특별한 표시를 하지 않았기 때문에 통일성을 주기 위해서 그렇게 만들었다. 대신 목차에서 제목 앞에 작은 이미지를 넣었다. 〈속속독〉의 프롤로그와 에필로그는 각각 표지를 넣고 제목 서체를 본문과 다르게 했다.

  옵셋 인쇄를 할지도 모르니 책의 쪽수를 4의 배수로 맞춰야 하는데 본문 만으로 페이지가 맞춰지지 않을 때 이런 원고로 페이지 수를 늘리거나 줄일 수 있다. 서문의 텍스트 박스 크기를 줄여서 위쪽 여백을 많이 주면 페이지가 늘어난다. 차례 페이지도 같은 방식으로 활용한다.

## 차례(목차) 디자인과 쪽수 확인 또 확인

  차례 페이지는 디자인이 조금 까다롭다. 보기에도 읽기에도 좋아야 하기 때문이다. 아름답게, 그러면서도 정보 전달이라는 본분을 잊지 않게. 목차는 책의 내용을 한눈에 들여다볼 수 있는 중요한 면이자 실제 쪽수를 알려주는 기능을 한다. 서체의 종류와 크기, 제목 글과 숫자의 배치와 정렬을 먼저 결정하고 나머지 세세한 디자인 요소를 정한다.

글 제목과 숫자 사이에 선이나 점 같은 걸 넣을지, 글 다음에 숫자가 바로 나오게 할지 숫자만 오른쪽 끝에 붙일지, 파트별로 크게 구분하고 글의 제목과 쪽수를 줄바꿈 없이 나열해서 넣을지, 여백에 이미지를 넣을지 등 글이 죽 이어지는 본문과 달리 생각할 요소가 많다. 그러나 차례에서 무엇보다 중요한 것은 쪽수를 나타내는 숫자가 틀리면 안 된다는 사실이다. 〈속속독〉이나 〈오늘 또 미가옥〉처럼 평범하게 제목 다음에 일정한 간격을 두고 숫자를 적는 가장 단순한 디자인을 선택해도 좋다.

**판권엔 뭘 넣을까**

독립출판물의 판권 면에는 저자, 발행일이 기본으로 들어간다. 기성출판물에는 기획, 편집, 교정, 디자인, 마케팅 등 책에 관여한 모든 사람의 이름과 정보가 표기되는데 모든 걸 혼자 하는 독립출판에서는 저자가 선택하면 될듯하다. 모든 크레딧에 자기 이름을 넣어 강조할 수도 있고 편집, 디자인 정도만 넣거나 '지은 이' '만든 이'로 갈음해도 좋을 것 같다. 출판사 등록을 하지 않았더라도 자기만의 출판브랜드를 정해서 펴낸 곳을 표기하면 지속성과 통일성을 위해 좋다.

 다양한 책을 보며 내 책에는 어떤 정보를 넣을지를 결정하자. 연필농부의 책에는 위쪽에 연필농부 소개 글, 제목과 지은이, 발행일, 펴낸 곳, 이메일 주소, 저작권 표시를 넣었다.

 무료 서체라 하더라도 사용 사실을 표기해야 하는 조건이 있는 경우에는 판권 면에 적어주면 된다. ISBN도 판권 면에 표기한다. ISBN 바코드는 표지 뒷면에도 넣어야 하는 걸 잊지 말자.

**책의 성격이 명확해지는 모든 요소들**

# 표지 디자인 : 책의 얼굴

**어려운 게 당연**

〈소탐대전〉의 표지를 작업할 땐 두 가지 생각뿐이었다.

누가 만들어줬으면 좋겠다.
자고 일어났을 때 표지 만들어져 있으면 좋겠다.

본문 디자인을 설명하는 앞글에서 판형과 여백, 서체를 결정하고 제목의 위치나 기타 추가될 요소를 고려하라고 썼다. 하나하나 결정해서 한 면 안에서 조화를 이루도록 만드는 일이 쉽지 않았을 것이다.

맨 처음 〈나 혼자 발리〉 원고를 쓰고 독립출판으로 책을 만들겠다 결심했을 때, 글을 쓰고 그림을 그리는 건 즐거웠는데 익숙하지 않은 인디자인으로 작업을 해야 한다고 생각하니 앞이 캄캄했다. 어떡하지 발을 동동 구르고 있을 때 출간 제안을 받았고 책을 직접 만들 기회는 다음으로 미뤄졌다. 심지어 몇 년 뒤 전자책을 보고 그대로 종이책으로 만드는 것도 디자인이 쉽지 않았다. 디자이너가 아닌 사람이 디자인을 하면 당연히 어렵다. 〈오늘 또 미가옥〉 초판을 만들 때는 명확하게 샘플로 삼은 책이 있어서 판형이나 디자인에 고민은 없었다. 똑같이 만들어서 그 출판사에 보낼 생각이었다. 그래도 표지를 만들 때는 골치가 아팠고, 동료 디자이너의 도움을 받아 그럭저럭 겨우 완성했다. 〈소탐대전〉을 만들 때는 본문 디자인도 내가 표지 디자인도 내가 했다. 그림 선생님이자 일러스트레이터인 친구, 북디자이너인 애인, 시각 예술가 친구들의 응원과 조언으로 이렇게 저렇게 어찌어찌해냈다.

원고를 쓸 때나 본문 디자인을 할 때 틈틈이 표지 생각을

했더라면 나왔을까. 글 쓰고 퇴고 하고, 겨우 본문 디자인
마치고 골치 아픈 교정도 끝냈더니 두둥 표지가 남아
있었다. 막막하기만 하다. 표지 디자인과 제목이 얼마나
중요한지 너무나 잘 아니 섣불리 대충 할 수도 없다.
편집자로 일할 때나 저자로 책 만들기에 참여할 때도 표지를
정하는 건 엄청 중요한 일이었고 출판사에서 표지 디자인만
따로 의뢰하는 일도 다반사다. 그런데 지금은 내가
디자이너다. 계속 책을 만들어온 전문가도 매번 어려울
텐데, 초보이자 비전문가인 내가 단숨에 잘할 리가 없지.
어려운 일을 힘들게 해내는 건 너무나 당연하다.

옳은 말을 해주는 친구 오리는 "네가 천재인 줄 알았어?
당연히 잘 안되지. 이 정도도 대단한 거야."라고 말했다.
울면서 계속 하는 수밖에 없다. 오리 선생님이 추천해준
자료를 참고해 이것저것 표지에 들어갈 그림을 그렸다.
이상한 그림은 선생님의 지도 편달에 따라 고치고 또
고쳤다. 그렇게 조금씩 그리고 어울리는 서체를 찾아 제목과
부제를 달고 와글와글 귀여운 그림을 여기저기 배치해
표지를 만들었다.

나의 한계를 인정하고, 나의 안목을 믿고, 주변의 사랑에 의지하며 한 발씩 나아갔다. 어렵다고 생각하면 한없이 어렵고 할만하다고 생각하면 또 할만하다. 표지는 독자가 책을 펴 보기 전에 책의 분위기와 제목, 저자, 출판사를 보여주는 거다. 책의 얼굴, 책의 첫인상. 그렇다고 너무 부담을 가지면 도망가고 싶은 마음밖에 들지 않을 테니, 하고 싶은 이야기를 써서 책을 엮은 것처럼 이야기에게 어울리는 옷을 입힌다고 생각하고 자연스럽게 만들어보자.

 표지 디자인 작업을 할 때 앞뒤 날개가 있는 경우는 5페이지를 나란히 붙여서 디자인하고, 없는 경우는 책등까지만 3페이지를 디자인한다. 작업 후에는 본문 할 때처럼 시안을 직접 출력해서 봐야 한다. 판형 크기대로 잘라 비슷한 책에 씌워보면서 책의 형태에 최대한 가깝게 만들어서 확인한다.


1. 새 파일 만들기
- 메뉴에서 새로 만들기-문서 선택하여 새 파일을 생성한다.

- 파일명은 '제목_표지_오늘날짜'로 한다.
- 본문과 동일하게 폭과 높이 입력 (폭 115, 높이 180)
- 세로 방향, 페이지 마주보기 선택 (본문 작업할 때랑 동일하게)
- 여백 및 단 클릭 후 여백 모두 0 입력 (위 0, 아래 0, 안쪽 0, 바깥쪽 0)
- 페이지 창에서 1페이지 아이콘 위에 커서를 두고 마우스 오른쪽 버튼-문서 페이지 재편성 허용 클릭하여 해제(앞부분 선택 표시가 사라짐)-바로 아래 있는 선택한 스프레드 재편성 허용 클릭하여 해제 (앞부분 선택 표시 사라지고, 페이지를 나타내는 숫자 1이 [1]로 변함)
- 페이지 창에서 2페이지를 클릭 후 끌어 올려 1의 옆으로, 3은 2의 옆으로, 4는 3의 옆으로, 5는 5의 옆으로 옮김-페이지표시가 [1-5]로 변함 (본문 파일에서는 두 페이지가 마주보며 스프레드를 구성했는데, 날개를 포함한 표지 파일에서는 다섯 페이지가 나란히 한 스프레드로 구성되어야 합니다.

하나로 연결될 파일로 출력할 거거든요.)

2. 페이지 폭 변경
- 날개 폭 조절을 위해 도구 패널의 페이지 도구 선택 (위에서 두 번째 줄 왼쪽, Shift+P)
- 커서를 1페이지로 이동 (작업 화면이나 페이지 창에서도 이동 가능)하여 선택하고 위쪽 컨트롤 패널 또는 속성 창에서 폭 치수 입력 (75)
- 5페이지 뒷날개도 같은 치수로 입력
- 3페이지는 책등. 임시로 10을 입력하고 나중에 정확한 숫자를 확인해서 수정할 것, 정확한 책등 폭은 인쇄소 사이트에서 종이 종류, 쪽수 등을 입력하면 자동 계산된다.

3. 각 페이지 디자인
- 앞표지(4쪽)를 정성껏 디자인한다. 꼭 들어갈 내용은 제목과 부제, 저자, 출판사
- 앞날개(5쪽)에는 보통 저자 소개가 들어간다. SNS

계정이나 이메일을 넣기도 한다.
- 뒷날개(1쪽)에는 저자의 다른 책이나 출판사의 책을 광고로 넣는데, 없다면 본문에서 발췌하여 책의 내용을 미리 읽어보게 하거나 책을 설명하는 문구를 넣는다.
- 뒤표지(2쪽)는 책의 내용을 소개하는 미리보기, 광고문구, 추천사 등을 넣는다.
- 책등(3쪽)에는 제목, 저자, 출판사를 넣는다.
- 날개가 없을 때는 내지에 작가 소개 페이지를 따로 구성한다. (반표제지 뒷면이나 표제지 뒷장)

## 컨셉 먼저 정하자

 표지를 디자인할 때는 어떤 느낌으로 하고 싶은지 먼저 정해야 한다. 본문 디자인이 전체적인 책의 외모와 인상을 보여준다면 표지는 책의 얼굴이다. 〈소탐대전〉은 어떤 느낌의 책일까 스스로 묻고 답하면서 컨셉을 정했다. 탐험가 캐릭터를 새로 그려서 친근하게 만들까, 본문 그림을 넣어

명확하고 단정하게 만들까, 궁금증을 불러일으키도록
추상적으로 할까 고민하다가, 다양한 장소를 표현하는 작은
이미지를 여럿 넣어서 복잡하고 귀엽게 만들기로 결정했다.
내가 사랑하는 대전에 대해 줄줄줄 계속해서 뭔가 좋은
것들이 끝없이 나오는 이야기보따리 같은 느낌을 주고
싶었다. 말이 많은 내 성격이 드러난 것 같기도 하다.

글의 느낌에 맞는 표지 이미지를 떠올려보자. 다른 책들의
표지 디자인을 참고하면서 사진이나 그림을 사용할지,
글자나 도형만 이용할지를 정해본다. 많이 보고 많이
생각해보는 수밖에 없다. 과한 디자인을 하지 않고 정직하게
제목만 잘 드러나게 해도 좋다. (안 한 듯하면서도
자연스러운 디자인이 얼마나 어려운지는 해보면 알 것이다.)
〈속속독〉은 연필농부의 글 농사, 책 수확이 컨셉이므로 본문
삽화처럼 표지에도 농부 그림을 넣었다.

### 전문가의 도움을 받는 것도 방법

독립출판은 편집부터 디자인, 제작까지 출판사의 도움

없이 혼자 다 하는 걸 말하지만 인쇄기를 직접 돌려 제작하지 않듯, 모든 걸 내 손으로 직접 한다는 뜻은 아니다. 필요한 부분에서는 전문가의 도움을 받아야 한다. 혼자 알아서 한다는 말은 직접 결정하고 책임진다는 뜻이다. 보통의 독립출판 제작자들은 예산이 넉넉하지 않고 원하는 대로 하고 싶어서 직접 편집과 디자인을 하지만 본인의 실력이 너무 믿음직스럽지 않다면 표지만이라도 전문가의 도움을 받자. 내내 고민하면서 고통스럽게 작업해 놓고 결과에 만족하지 못할 것 같다면 비용을 들여 조금 더 쉽게 문제를 해결하는 거다.

  나도 개정판 〈오늘 또 미가옥〉의 표지는 직접 작업하지 않았다. 〈소탐대전〉 표지 디자인에 온 힘을 쏟고 쓰러져버린 연필농부의 디자이너(나)를 위해 외부 전문가에게 도움을 청했다. 별도의 비용을 들일 여력은 없었기에 애인의 재능을 형편껏 가져다 썼다. (언제가 갚을 것이므로 착취라고 쓰고 싶지는 않다.) 본문의 그림을 가지고 평범한 시안과 귀여운 시안을 만들어왔길래 귀여운 걸로 선택했다. 제작자의 성향은 전문가의 도움을 받아도 다 드러나는 법이다.

독립출판에서는 저자이자 편집자이자 마케터의 역할을 다 해야 한다. 좋은 글을 쓰고, 구성이 탄탄하고 오류가 없으면서 잘 읽히는 책으로 만들고, 많은 독자를 만나게 하기 위해 동시에 고민하고 실행한다. 직접 디자인을 해야 하는 디자이너이자, 편집자이자 마케터로서 좋은 디자인이 나올 수 있도록 머리를 맞대야 하겠지만 디자이너의 컨디션 조절을 위해 작업량을 조절하는 편집장의 역할도 해야 한다.

**첫인상은 중요하니까! 책과의 첫 만남은 표지로부터**

Additional Part

# 함께 만들기 : 동료가 필요할 땐, 쓴 모임

 2024년 1월에 대전문화재단의 지원사업 공고문을 본 뒤 〈소탐대전〉을 독립출판으로 만들기로 결심하고 지원했다. 2월 말에 선정 소식을 확인했다. 주간 연재로 계속 글을 쓰고 있으니 해가 바뀌기 전까지만 적당량의 원고를 모아 책을 내면 되겠다고 생각했다. 환갑 잔치나 퇴직일처럼 특별한 날에 출간을 맞춰야 할 까닭도 없고, 사람들이 특히 책을 많이 읽는 계절이 있는 것도 아니니 출간일은 내가 정하면 되었다. 그래도 가을 이후에는 혹시 바빠질지 몰라 여유 있을 때 책을 만들기로 했다. 북페어에 나가서 책을 팔 엄두는 안 났지만 작년에 처음 구경 가본 전주책쾌가 좋아

보여서 여름 출간 후 전주책쾌 참가를 목표로 계획을 세웠다.

정말 혼자서 책을 만들 수 있을까? 독립출판물 제작 워크숍에 참여했고 관련 수업을 들으며 머릿속으로는 몇 번이나 책을 만들었다. 팀티칭이었지만 독립출판 수업을 진행하기도 했다. 출판사에서 편집자로 일한 경험도 있다. 아는 대로 하기만 하면 된다. 그런데 그게 어디 쉬울까.

아는 것도 어렵지만 아는 걸 실제로 행하기는 얼마나 어려운가. 해보지 않은 일에 대한 두려움, 직접 하다 보면 생길 여러 돌발 상황과 크고 작은 변수에 대한 막연함까지 더해져 시작이 안 됐다. 계속 시간은 흘렀다. 여름에 책이 나오려면 봄부터 책을 만들어야 하는데… 책이 만들어지는 두세 달의 시간을 고려하면 4월부터는 작업에 들어가야 하는데….

일단 시작하자. 혼자 할 자신이 없으면 동료를 찾자. 그래서 '쓴 모임'을 만들었다. 혹시 모르잖아, 나처럼 책으로 만들 원고를 가지고 있는 사람이, 독립출판으로 직접 책을 만들어보고 싶다는 마음을 품고 있는 사람이 어딘가에 있을지도. 인디자인 설치부터 머리를 맞대고 같이 하면서 엉금엉금 함께 책을 만들 동료가 있기만 해도 힘이 날 것 같았다. 서로 가르쳐줄 실력이 안 되도 상관없다. 같은 목표를 가진 사람이 옆에 있으면 엄두가 안 나는 일이 할 만한 일이 된다. 이 과정을 함께 갈 사람이 필요하다. 몇 번을 만나야 할지, 만나서 무얼 해야 할지 정리하다 보니 점점 명확해졌다. 사람이 모이면 함께하고, 모이지 않으면 혼자서라도 이 커리큘럼에 따라 책을 만들자.

[해올 것 / 만나서 함께 할 것]

1주 - 원고 정리 / 책 소개, 목차 자랑, 작업 일정 확인 후 조정

2주 - 초고 완성, 퇴고, 파일 교정 / 인디자인 설치, 본문 디자인

3주 - 본문 디자인 완성 후 조판 / 모르는 부분 같이 해결

4주 - 본문 조판 완료 / 삽입할 이미지 의견 들으며 결정

5주 - 1교 /수정

6주 - 2교 / 수정, 표지 의견 나누기

7주 - 표지 디자인 / 검토

8주 - 최종 교정 / 샘플 주문, 가격과 수량 결정

## 9주 - 샘플북 수령 / 인쇄 발주

 아쉽게도, 어쩌면 당연하게도 함께할 사람을 찾지 못했다. 참가자가 나 혼자인 모임이라도 운영하기로 마음을 먹고 정해진 시간에 할 일을 하니 석 달 후에 책이 만들어졌다. 약속한 모임 날을 하루이틀 미루기는 했지만 어쨌든 매주 작업을 이어갔다. 교정과 표지 디자인에 시간을 조금 더 써서 전체 기간이 늘어나기는 했다.
 쓴 모임 커리큘럼을 정하고 그에 맞춰 책을 만들어본 경험은 다음 작업의 씨앗이 되었다. 독립출판으로 책을 만들고 싶어 하는 동료에게 준비된 일정표로 도움을 주었고 수정과 보완을 거쳐 다른 작가들과 함께 동네책방 머물다가게에서 독립출판 워크숍을 열기도 했다. 이제 아는 사람도 늘어났고 쓸 모임, 작가 모임도 하고 있으니 같이 쓴 모임을 하자고 제안할 사람도 많아졌다. 계속 쓰고 원고를 차곡차곡 쌓아서 필요할 때마다 쓴 모임을 열고 함께 책을 만들려고 한다.
 함께 꾸준히 글을 쓰는 동료가 있다면, 책 한번 같이

만들어보자고 모임을 제안해보시길 권한다. 혼자 하기 어려운 일일수록 함께하면 만만해진다. 책을 만드는 일도 당연히 그렇다. 쓴 모임의 커리큘럼을 따르면 어렵지 않답니다. 이 책을 읽으면서 전체 과정을 이해하고, 인터넷 선생님들이 올려둔 영상을 보면 따라 하실 수 있을 겁니다.

# Part 4. 제작과 마케팅

# 샘플 제작 : 책의 형태로 확인하기

**샘플 제작을 꼭 해야 하나요?**

네! 반드시. 처음부터 바로 수백 권을 인쇄하지 말고 확인용으로 한 권만 먼저 뽑아본다. 진짜로 책을 만들기 전에 시험 삼아 제작해본다는 의미에서 샘플이라는 용어를 사용했다. 업계에서는 교정쇄라고 한다. 더미북이나 가제본이라 부르기도 하는데, 더미북은 주로 그림책이나 사진집을 만들 때 쓰고 가제본은 인쇄된 종이를 임시로 모으거나 엮은 경우까지를 포함하는 것 같다.

색이 잘 나왔는지, 페이지별로 여백은 적절한지, 책의

가운데 펼쳐지는 부분에 들어간 이미지는 없는지 본다. 책이 접히면서 보이지 않는 부분이 생기기 때문에 잘 살펴야 한다. 책등의 글씨나 이미지가 잘 구현되었는지, 책의 전체 두께는 괜찮은지, 책등 디자인이 너무 얇거나 두껍지 않은지 제목이 잘 보이는지 등 책의 꼴로 만들어서 직접 손에 쥐고 볼 때만 보이는 것들이 있다. 책장을 넘기면서 이미지의 배치가 자연스러운지 보고 책의 앞뒤를 펼쳐보면서 동일하게 표현되어야 할 부분, 글 제목이나 속표지 디자인을 살핀다. 진짜, 최종, 마지막이라는 심정으로 오탈자도 찾아본다. 보고 또 보는데도 책이 나오고 나서야 비로소 발견되는 오탈자도 있다. 어쩔 수 없다.

  샘플은 마지막 교정을 위해서라기 보다 이렇게 책이 나와도 괜찮을지 전체적인 분위기를 살피기 위함이 더 크다. 책이 잘 생겼나, 종이 선택은 잘했나, 모니터에서 보던 것과 달리 색은 잘 나왔나, 색상의 분위기는 어울리나, 표지 분위기는 괜찮은가, 휘리릭 넘겨봤을 때 이상한 페이지는 없나 확인한다. 문제를 찾지 못했다면(있어도 못 찾는 것일 테지만), 좋다! 이제 진짜 인쇄다. 언제까지 붙들고 있을 수 없으니 떠나보낼 때는 미련 없이 손을 놓자.

  샘플 제작에는 권 당 3~5만 원까지 비용이 들지만 건너뛰고 인쇄하면 꼭 후회할 일이 생긴다. 디지털 소량 인쇄가 가능한 인쇄소에서 주문한다. 인터프로프린트에서는 교정쇄 서비스라고 2권을 주문하면 1권을 보관하다가 본 인쇄할 때 감리용으로 참고한다고 한다. 교정쇄 비용 일부를 포인트로 적립하여 본 인쇄 때 사용할 수 있다.

### 인쇄 발주 연습

  책을 처음 만들어보는 독립출판인은 당연하고 여러 번 만들어본 '중견' 독립출판인도 인쇄 발주를 할 때는 언제나 떨린다고 한다.

  실수로 숫자를 잘못 적지는 않을까, 한 번의 클릭으로 수백 권의 책이 만들어진다, 정신 똑바로 차리자. 잘하고 있는 게 맞을까, 나도 모르게 틀린 건 아니겠지, 뭐가 이렇게 입력하고 결정할 게 많은 거야…. 샘플 제작으로 똑같이 한 번 경험하면 인쇄를 맡길 때 이런 생각이 덜 들 것이다.

인디자인에서 PDF 파일로 내보내기 할 때부터 시뮬레이션은 시작이다. 표지 파일은 스프레드 형식으로, 본문 파일은 페이지별로 내보내는 걸 잊지 말자. 본문을 출력해서 교정을 볼 때는 책의 페이지처럼 양쪽을 볼 수 있도록 스프레드 형식으로 내보내는데, 인쇄를 맡길 때는 페이지별로 만들어야 한다. 자주 실수하는 부분이다.

 표지 종이는 200g 이상 두꺼운 걸로 선택한다. 면지는 보통 앞뒤로 1장씩 색깔을 정해 추가한다. 표지와 어울리는 색으로 정한다. 선택지가 아주 다양하지는 않다. 원한다면 따로 용지를 주문할 수도 있는 것 같다.

 표지에 다양한 효과를 주는 후가공을 추가할 수 있는데 표지를 보호하는 코팅은 많이 하는 편이다. 무광과 유광 코팅이 있다. 박, 형압, 에폭시 등 특정 부분에 뭔가를 씌우거나 튀어나오게 하거나 부분 코팅을 하는 등 다양한 효과를 줄 수 있지만 나는 예산과 실력 부족으로 코팅만 했다. 코팅도 안 하려고 했는데, 책을 보호하려면 코팅은 필수나 마찬가지라면서 주문 완료 전에 알람이 떴다. 네네, 알겠습니다.

[정리] 인터프로프린트에서 샘플 주문하는 법

- 홈페이지 책 주문 양식(책자-단행본-인디고에서 1부, 또는 책자-교정출력으로 2부)에서 책등 크기를 계산해 확정된 수치를 표지 파일에 적용하고 책등 디자인을 점검한다. (제본 방식, 표지 옵션의 용지 종류와 날개 여부, 내지 옵션의 용지 종류와 페이지 수, 면지 추가 여부를 선택하면 자동 계산됨)
- 인디자인에서 파일 내보내기로 표지와 본문 PDF 파일을 만든다. (내보내기 형태 선택 시 표지는 스프레드, 본문은 페이지로 한다. 표시 및 도련에서 재단선 표시, 도련 및 슬러그에서 문서 도련 설정 사용에 체크)
- 다시 인터프로프린트 사이트로 가서 엄청난 빈칸을 차근차근 채우고, 파일 업로드 후 주문한다. 무선제본 세로형 좌철, 날개 있음-75, 표지-용지 선택, 인쇄 방법 단면 4도 컬러, 내지-페이지 수 224, 용지 선택, 인쇄 방법 양면 먹2도, 면지 추가-용지 선택, 후가공-무광 코팅 (파일에 문제가 있으면 전화가 온다. 너무 겁먹지 말고 문제에 대해 설명 듣고 다시 작업하면 된다.)
- 제작 사양 화면을 캡처하거나 따로 적어두어 본 인쇄 때 참고한다.

**어디 보자~ 어떻게 나오는지**

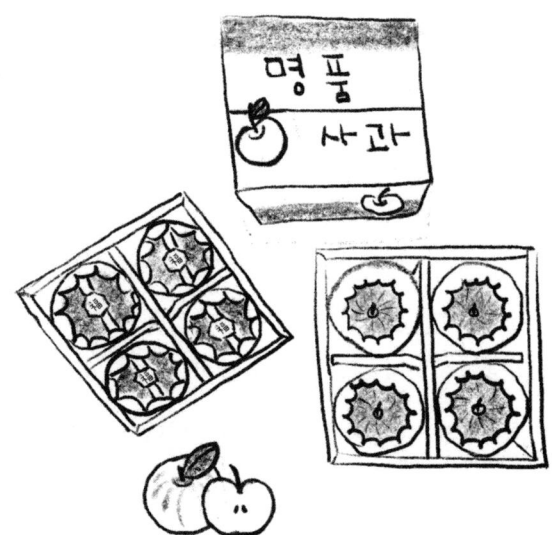

# 인쇄 발주 : 진짜 책이 나온다

**인터넷 인쇄소냐 우리 동네 인쇄소냐**

지역마다 인쇄소가 모여있는 동네가 있다. 지역 경제 활성화와 탄소 감축을 위해 가까운 곳에서 인쇄하는 게 좋긴 할 텐데… 초보자에게는 인쇄소 찾아가서 문의하는 게 두려운 일이다. 인쇄소 입장에서도 우리 같은 손님은 소량 인쇄라서 견적 받기도 쉽지 않을 것 같다. 인터넷 인쇄소는 낯선 사람에게 말 걸기 어려운 내향인이 이런저런 조건을 달리해가며 견적을 내기도 편하고 사이트 내에 공지된 사용법 외에도 이용자들이 작성한 자세한 후기가 많이 올라와 있어서 따라 하기 쉬웠다.

지역 업체를 이용한 동료 작가님에게 들으니 옵셋 인쇄로 300부 이상 제작할 때는 인터넷 인쇄소와 동네 인쇄소의 가격 차이가 별로 안 나는 것 같았다. 가까운 곳에서 인쇄하면 직접 방문해서 감리를 보러 가기 쉽다는 게 장점이다. 인쇄 감리란 의도한 대로 색이 잘 나오는지 현장에서 조정하며 결정하는 과정이다. 그 외에도 직접 보면서 인쇄할 때 혹시 생길지 모르는 사고를 방지하기 위해 여러 가지 사항을 확인한다.

나는 초보 독립출판 제작자로서 감리까지 볼 여력은 되지 않았다. 색을 잘 다루는 디자이너도 아니고 인쇄에 대한 지식도 없으니 방문한다 해도 인쇄소 견학이 될 뿐 뭘 봐야 할지도 모를 것 같았다. 감리를 생략했다. 인터넷 인쇄소는 전화 통화도 할 필요 없이 정해진 양식에 맞게 입력하고 데이터를 올리면 발주가 끝났다. 낯선 장소에서도 주눅 들지 않고 모르는 분야에 대해 전문가와 대화 나누는 데 자신 있는 사람은 동네 인쇄소를 방문해도 좋겠다. 나야말로 정말 그렇게 하고 싶지만 용기가 안 납니다.

## 진짜 최종 마지막 파일 검토

 인디자인 파일을 먼저 확인하고, 내보내기로 만든 PDF 파일에 문제는 없는지 또 확인한다.

 먼저 인디자인 파일에서는 도련 설정이 제대로 되었는지, 이미지 링크 깨진 곳 없는지, 텍스트 박스에서 넘치는 곳 없는지, 이미지 모드가 CMYK인지 최종 점검하고 패키지(메뉴-파일-패키지)로 파일을 모아준다. 한 폴더 안에 인디자인 파일, 버전이 다른 인디자인 프로그램에서도 열 수 있는 실행 파일, 이미지 폴더, 서체 폴더가 생성된다. 다른 조건의 컴퓨터에서도 작업 파일을 열 수 있다. 패키지 작업 후 내보내기로 인쇄소에 넘길 PDF 파일을 만든다. (인쇄소에서 혹시 오류를 발견하고 전화를 할 수도 있는데, 그러면 수정을 또 해야 할 테니 최종적으로 책이 다 나온 뒤에 패키지 작업을 하기도 한다.)

 PDF로 내보내기 할 때 주의 사항 잊지 않았죠? 본문은 페이지 형식, 표지는 스프레드 형식으로. 표시 및 도련 설정에서 도련 사용에 체크하기도 있지 말자.

이제 PDF 파일을 볼 차례다. 인쇄소로 넘어가는 건 이 파일이다. 모든 페이지가 제 자리에 있는지, 교정쇄에서 발견한 수정 사항이 제대로 반영되었는지, 글자가 깨지거나 이상하게 보이는 이미지가 없는지, 전체 페이지에 크게 들어가는 이미지가 도련까지 충분히 배치되었는지 등을 확인한다.

## 인쇄 발주

샘플 제작을 할 때 인쇄 주문을 해봤으니 두 번째는 쉽다. 차근차근 해본 대로 주문한다. 책 만드느라 정말 고생하셨습니다!

수확만 남았다. 제발 별일 없기를, 잘 나오기를…

# 홍보 : 책 나왔다고 알리기

## 책 소개 글 작성

인쇄 발주를 하고 책이 나오기까지는 1주일에서 열흘 정도 걸린다. 넉넉하게 2주를 생각하고 발행일을 계산한다. 발행일보다 일찍 책이 나오는 건 괜찮지만 제작 기간이 길어져 발행일이 지난 뒤에 책을 받아보면 벌써 구간이 된 기분이 들기 때문이다. 큰 문제가 생기진 않지만 기분은 중요하니까. 책이 나오기를 기다리는 동안에는 책 소개 글을 쓴다. 입고 문의를 할 때나 북페어 신청을 할 때 등 책을 팔기로 했다면 앞으로 수도 없이 책 소개가 필요한 순간이

온다. 가장 기본적인 정보부터 중요하진 않지만 재미있는 이야기까지 책에 관한 내용을 정리해본다. 어떤 내용의 책인지, 어쩌다가 이런 책을 썼는지, 책을 만들면서 있었던 일이나 지금 이 책을 당신이 읽어야 한다는 강력한 주장, 누가 보곤 진짜 좋다고 하더라 같은 소문 혹은 약간의 과장까지 책에 대한 내용은 많으면 많을수록 좋다. 앞으로 책 이야기를 할 자리가 계속 있기 때문이다. 준비해 놓은 내용이 많으면 그중에서 상황에 따라 적당히 어울리는 걸 골라 쓸 수 있다. 자꾸 하다 보면 한두 문장의 책 소개는 툭 치면 나올 정도가 된다.

제목과 부제, 출판사, 발행일, 가격, 판형, 인쇄 도수, 컬러 여부, 쪽수, 분야 같은 기본 정보에 150~200자 정도의 짧은 책 소개, 저자 소개는 필수다. 거기에 더해 표지 이미지와 목차까지 넣어서 한 장짜리 PDF로 만들어두면 편하다. 나는 개인 웹페이지(브런치에 스토리) 책 소개 페이지를 만들어 위의 내용에 더해 내지 본문 이미지 일부, 책에서 발췌한 문장, 지금까지 출간한 책의 목록, 미리보기로 볼 수 있는 앞부분 몇 쪽, 출판사 소개를 정리해두었다. 책을 소개할 때면 한 페이지 PDF를 보내고 자세한 내용을 확인할 수 있는 링크를 덧붙였다.

## 모든 채널을 동원하라

드드드드드디어 책이 나왔다. 앨범을 발매한 아이돌의 컴백 활동, 영화 개봉 시기에 맞춘 배우의 토크쇼 출연을 기억하라. 책이 막 나왔을 때 온 힘을 쏟아부어야 한다. 널리 알리고 자랑하자. 판매량을 늘리기 위해서만 필요한 건 아니다. 그동안 글을 쓰고 책을 만드느라 고생한 나에게도 중요한 의식이다. 스스로에게 큰 축하를 해주자. 컴퓨터 속 파일, 모니터 화면, 모바일 페이지 혹은 출력된 종이 낱장으로만 존재하던 내 글이 책이 되어 세상에 나왔다. 정말 감격스러운 일이다. 책을 멍하니 바라보고 이리저리 살펴보고 다시 한 글자씩 읽어보고 앞과 뒤를 만져보고 스르륵 책장을 넘겨보면 벅차오른다.

책의 내용을 한 글자씩 다시 읽어본다는 말은 거짓말이다. 교정 볼 때 하도 반복해서 읽었더니 펴보기 싫은 마음도 든다. 어쨌거나 책 출간은 나 혼자서도 충분히 흥분할 만한 일이다. 기쁨은 나누면 두 배가 되니까 자꾸 말하고 여기저기서 축하를 받자. 축하를 받는 나도 좋지만 축하해주는 상대도 기뻐할 것이다. 좋은 소식이니 나를 아는 모두에게 널리 널리 소문을 내자. 기꺼이 함께 기뻐할 만한 가족, 친구, 지인에게 알린다. SNS에 짧은 글을 올리고, 운영하는 블로그가 있다면 긴 글로 출간 사실을 알린다.

공유할 수 있는 모든 채널에 출간 소식을 올렸다. 이제 직접 만나 전해주고 싶은 소중한 사람과 약속을 잡고, 선물하고 싶은 사람에게 책을 보낸다. 동시에 책을 팔 계획이라면 이 기쁜 소식을 듣고 책을 사고 싶은 사람들이 바로 주문할 수 있도록 방법을 마련해 놓자.

독립서점과 인디펍 유통 전에 주변인들에게는 저자가 직접 책을 파는 것도 좋다. 미리 준비해놓은 책 소개 내용을 적절히 포함한 주문 양식을 만들어 지인에게 뿌린다.

**자랑하고 기뻐하고 흥분하라**

# 판매 : 저자 직판과 독립서점 입고

### 지인 대상 직접 판매란 강매인가, 의리 구매 유도인가

 책이 팔릴 가능성은 어디에 있을까? 정답은 가까운 곳에. 가족, 친구, 지인에게 책을 팔아보자. 구글 설문지나 네이버 폼으로 주문 양식을 만들고 주문을 받는다. 입금받을 계좌번호도 적고 주문이 들어오면 입금을 확인하고 책을 포장해서 부치면 된다. 만나서 전달, 직접 배달 등 배송 방식은 선택할 수 있다.
 친구들은 고맙게도 책을 주문해주었다. 모르는 사람도 아주 가끔 주문했는데 추적해보면 아는 사람의 아는 사람이었다. 언제까지 지인에게만 책을 팔 수도 없고 주문 확인과 포장, 배송까지는 만만치 않은 일이기에 책이 갓 나온 한두 달 정도만 직접 판매하고 독립서점에 입고를 시작했다.

나는 책 증정은 잘 하지 않는 편이다. 선물로 줄 사람과 돈을 받아야 할 사람의 기준이 모호하고, 원하지도 않는 사람에게 책을 주는 게 미안하기도 했다. 천덕꾸러기가 되어 이리저리 굴러다닐 운명은 피하고 읽고 싶은 사람에게만 책이 가기를 바랐다. 판매하기로 했으면 판매한다는 단순한 원칙을 세우고 그림 선생님인 친구나 표지 디자인을 해준 애인처럼 책을 만드는 데 큰 도움을 준 사람에게만 책을 선물했다. 공들여 만든 책을 좋아하는 사람에게 선물하고 싶은 마음, 나누고 보여주고 싶은 마음을 모르는 건 아니다. 그건 책으로 건네는 대화다. 홍보를 위한 증정도 마찬가지다. 많은 사람들에게 책을 선보이고 싶은 마음, 판매가 잘 되면 좋지만 그렇지 않더라도 널리 알려지기를 바라는 마음은 그것대로 중요하다. 독립출판 경험이 몇 번 생기면 홍보 차원에서 증정도 많이 하고, 어차피 안 팔릴 거

재고 소진 목적으로도 주변 사람에게 선물을 많이 하는 것 같다.

## 전국 독립서점 입고 : 위탁과 매입

 어쩌다 1인 출판사로 사업자등록을 했지만 나는 스스로 독립출판 제작자라고 여긴다. 본격적으로 책 발행과 판매를 목적으로 하는 진짜 출판사가 아니라서 교보문고나 영풍문고 같은 대형 오프라인 서점을 비롯해 제법 규모가 있는 지역의 책방과 거래하는 법은 모른다. 교보문고와 알라딘, YES24와는 직거래로 책을 납품할 수 있다고 하는데 신경을 덜 쓰고 싶어서 마진이 적더라도 인디펍을 이용했다. 그래도 최대한 많은 독립서점에서 판매될 수 있으면 좋겠다고 생각했다.
 평소에 자주 가거나 좋아하는 동네책방이 독립출판물을 취급한다면 거기서부터 도전해도 좋다. 독립서점과 거래하는 방식은 위탁 판매와 매절(매입) 방식으로 나뉘는데 위탁은 책이 팔리고 나서 수수료를 제하고 정산받는다. 보통

30% 수수료가 책정된다. 책을 보낼 때는 제작자가 택배비를 부담하고, 서점에서는 일정 기간 비치했다가 책이 팔리지 않으면 책을 돌려준다. 수년이 지난 후에 되돌아오기도 하고 애매하게 잊히기도 할 것이다. 안타깝게 책방이 폐업하는 경우에는 반품받거나 책방과 제작자의 합의 하에 다른 책방으로 인계되기도 한다.

매절은 반품하지 않는 조건으로 서점에서 도매가로 책을 구매해서 판매한다. 보통 정가의 65%~70%로 판매하고 택배비도 서점에서 부담한다. 물건을 사고파는 거래라고 생각해 사는 쪽이 배송비를 부담하는 것이다. 쇼핑몰에서도 무료 배송 혜택이 있듯이 일정 수량 이상이면 제작자가 배송비를 부담하겠다고 제안해도 좋겠다. 서점에서 먼저 최소 주문 수량이 있는지 물은 적이 있었다. 아마 그런 조건으로 거래하는 출판사가 있기 때문일 텐데 한 권도 감사하다고 했다. 배송비만 부담해주신다면요.

동네서점 사이트 https://www.bookshopmap.com에서 근처 서점을 검색하거나 인스타그램 계정을 운영하는 책방의 피드를 검토하고 내 책이 어울릴만한 서점에 연락을 해보자.

입고 문의는 받지 않는다고 공지해놓은 서점도 있고, 입고 문의 양식을 게시해둔 서점도 있다. 양식이 없다면 서지 정보와 간략한 책 소개를 써서 입고 문의 메일을 보낸다.

먼저 거래 조건을 제시하고 세금계산서 발행이 가능한지 여부도 알려주면 좋다. 출판사는 면세 사업자라 계산서 발행만 가능하니 세금계산서를 요청할 때 계산서를 발행해주면 된다. 서점에서도 판매 물품의 구입 증빙이 필요하니 세금계산서 발행이 되는 제작자와만 거래하는 경우도 있다. 〈소탐대전〉과 〈오늘 또 미가옥〉을 입고할 때 위탁 판매는 가격의 70%로, 매절 계약은 기본 공급률 70%에 5부 이상 주문 시 65%로 거래 조건을 먼저 제시하고 협의했다. 위탁이든 매절이든 5부 이상을 거래할 때는 견본 도서 한 권을 같이 보내는 편이다. 사업자등록을 내기 전에도 입고 문의를 했는데, 그 때는 세금계산서를 발행할 수 없다고 말하고 개인거래가 가능한지 먼저 물었다. 사업자등록이 없는 개인에게 판매 금액을 정산할 때는 서점에서 제작자의 기타소득으로 처리해 8.8%의 소득세와 주민세를 원천징수해야하는데 매우 귀찮은 일이다. 어떤 서점은 계산서 과정을 생략하고 비용 처리를 하지 않기도 했다. 때문에 아예 개인과는 거래 하지 않는 서점도 있는 것 같았다.

독립서점에 입고할 생각만 하고 어떻게 해야 할지 몰라 손을 놓고 있을 때 서점을 하는 친구가 먼저 주문을 해주었다. 공급률이니 위탁 판매 수수료니 하는 개념도 방식도 몰랐는데, 친구가 먼저 거래 조건을 제안해주었다. 정가의 70%에 배송비도 서점 부담으로 첫 거래를 시작하니 자신감이 생겼다. 제안 내용의 기본이 이때 만들어졌다. 하다 보니 개인 제작자로 거래할 때와 사업자가 있을 때의 거래 차이도 알게 되었고 견본 도서에 서점 이름을 넣어 저자 사인도 해서 보내게 되었다. 세상의 모든 독립서점에 이메일을 보낼만큼 부지런하지는 못했고 평소 알고 지내던 책방에 부탁인 듯 문의인 듯 연락해서 몇 군데 책을 보냈다.

조금 용기가 생겨서 친분은 전혀 없지만 이름을 들어본 적 있는 책방에도 메일을 보냈다. 거절 답장을 받거나, 아무런 연락을 받지 못하는 경우가 늘었다. 한정된 공간과 예산으로 책방과 어울리는 책을 고르는 서점의 입장과 쏟아지는 입고

요청 메일에 대응하는 어려움을 이해해 아주 많이 상처받지는 않았다. 거절은 어쨌든 슬픈 일이라 조금 서운하기는 했다. 이미 다정한 친구들로부터 좋은 경험을 한 덕에 계속 속상해하지 않을 수 있었다.

  사실 몇 번의 거절 메일과 응답 없음에 맥이 빠져서 한동안 입고 문의를 하지 못했다. 가을 이후 북페어 시즌이 시작되자 여력이 없기도 했다. 해가 바뀌고 조금 여유가 생기자 〈소탐대전〉은 전국의 모든 책방까지는 아니더라도 최소한 대전에 있는 서점에는 알려야 하지 않을까 하는 생각이 들었다. 재고도 충분하니 홍보용으로 증정해도 좋았다. 다만 처음에 세웠던 원칙 때문에 이미 입고한 서점에는 증정본을 제공하지 않은 곳도 많아서 미리 주문해준 고마운 서점에 미안한 일이 생긴다. 이를 어쩌나. 아하, 늦게라도 선물로 드리면 되겠다. 대전에 있는 모든 서점에 보낼 형편은 못 되어서 책이 어울릴만한 곳을 몇 군데 골라 우편으로 보냈다. 이미 입고해준 서점에도 짧은 편지를 써서 증정본을 보냈다.

## 독립출판 유통 플랫폼 인디펍

인디펍에는 공급률 60% 위탁 판매 조건으로 입고한다. 독립출판 플랫폼 인디펍을 기억하고 있겠죠? 판매 금액은 예치금으로 쌓이고 매월 초에 출금 신청을 할 수 있다. 정기적으로 정산을 해주는 다른 서점들과 달리 신청을 안 하면 알아서 돈을 보내주진 않는답니다. 프로모션에 참여하는 조건으로 계약하면 공급률이 50%가 되는데 그럴 경우 ISBN을 발급받은 도서라면 알라딘, 예스24, 교보문고에도 등록된다. 개인제작자와 거래하지 않는 독립서점들도 인디펍에서 책을 주문하니 인디펍에는 꼭 등록하자.

## 포장과 배송

책을 보낼 때는 뽁뽁이(완충재)가 부착된 서적 전용 포장 봉투를 구입해서 사용하거나 완충재나 두꺼운 종이로 한 번 싼 뒤에 포장 봉투에 담는다. 인디펍을 포함해 특정

서점에서는 낱권 비닐 포장을 요청하는 경우도 있다. 어차피 수작업으로 포장하고 발송하는 거 있는 힘껏 품을 들여 〈소탐대전〉을 포장해보았다. 그동안 모아놓은 뽁뽁이를 재활용해서 한 번 감고, 마지막으로 대전의 상징 성심당에서 빵 사 먹을 때마다 생기는 종이봉투를 재활용했다. 빵이라고 써진 겉면을 보고 뭐가 왔는지 궁금했다는 후기도 있었다.

 배송은 편의점 택배를 이용했는데 사업자가 있다면 편의점 택배에 기업회원으로 가입해 약간의 할인을 받을 수 있다.

**주문 받기부터 포장 배송까지 바쁘다 바빠**

# 북페어 : 팔 기회, 알릴 기회, 만날 기회

## 북페어는 기회의 장

독립출판물 제작자가 한자리에 모이는 북페어가 연중 내내 전국에서 열린다. 지자체의 예산과 지원으로 제법 크게 열리는 행사도 있고, 독립서점 주최로 소박하지만 특색있게 열리기도 한다. 서울 마포와 제주를 시작으로 리틀프레스페어까지 봄의 북페어가 열리고, 여름에는 인천아트북페어, 전주책쾌, 군산북페어, 아트인북스가 기다린다. 서울국제도서전에도 독립출판물과 아트북 제작자가 참여할 수 있는 책마을 코너가 있다. 가을은 업계

최대의 인기 행사라 할 수 있는 언리미티드에디션,
퍼블리셔스테이블이 개최된다. 행사의 계절답게 광명,
천리포수목원, 시흥, 구미, 대전 등에서 크고 작은 북페어가
열리고 겨울엔 부산의 마우스북페어로 한 해를 마감한다.
새로 생기거나 사라지는 행사가 있을 수 있으니 인스타그램
등 다양한 경로를 통해 북페어 소식을 놓치지 말자.

 북페어마다 신청 기간과 방법이 다르니 그때 제공하는
양식에 맞게 신청하면 된다. 보통 제작자 소개, 판매할
책이나 굿즈의 소개를 포함한다. 기본적인 자기소개 내용을
행사의 성격에 맞게 조금씩 고쳐서 제출했다. 책이 아직
완성되지 않았을 때도 신청할 수 있다. 북페어 날짜에
맞추기 위해 작업을 미루지 않게 되었다는 제작자도 많다.
출간 1년 이내의 신간이 있을 때만 신청을 받아주는 페어도
있고, 신청 자격에 따로 명시되어 있지 않아도 신간이 있는
경우에 선정 가능성이 높아지는 경향이 있다고 한다.

 독립출판 제작자가 책을 팔 수 있는 방법은 크게 세
가지다. 지인에게 직접 판매, 독립서점 입고, 북페어에서
직접 판매. 북페어에는 다양한 제작자와 서점들이 참여해

개성 있는 작업물을 선보이니 독자와 관람객 입장에서는 한 자리에서 이것저것 구경하고 취향껏 구매하는 재미가 있다. 제작자 입장에서도 책에 관심 있는 사람들이 찾아오니 기쁜 마음으로 책을 소개하고 대화를 나눈다. 다른 주제의 축제에 부대 행사로 참여하는 것보다 책 판매 가능성도 높아진다. 북페어는 책을 어떤 사람들이 읽고 좋아하고 사 가는지 눈앞에서 확인하는 기쁨과 보람을 느낄 수 있는 흔치 않은 기회다. 내 책을 사주다니 어찌나 신기하고 고마운지.

 책이 얼마나 팔릴지는 예측하기 어렵다. 잘 만들어진 영화도 흥행할지 그렇지 않을지 개봉 때까지 알 수 없다지 않나. 유명 작가의 책도 아니고 책이라는 상품의 특성상 바로 내용을 파악할 수 있는 것도 아니니 배고플 때 사 먹는 간식처럼 사세요 사세요 권유한다고 잘 팔릴 리도 없다. 작년에 몇 번이나 북페어에 나가봤지만 지나가는 사람 붙잡는 공격적 마케팅도 못 해, 부스에 찾아오는 사람들에게 적극적으로 책을 어필하지도 못 해, 나는 여기서 어떻게 해야 하나 혼란의 시간을 보냈다. 영업은 역시 어려운 것이로구나 깨달았다.

나가기 전부터 북페어에서 책이 팔릴 거라 기대하지 말라는 말을 들었다. 시끌벅적 사람이 많이 모이니 어느 정도 매출이 나올 거라 생각했다가 실망할까 봐 경험이 많은 선배 제작자들이 일러 주었다. 나는 2024년 9월부터 매달 한두 번씩 총 7번 참여하는 동안 하루 평균 7권 정도를 팔았는데, 행사마다 판매량이 조금씩 달랐지만 많이 팔지 못했다는 사실만은 분명하다. 영업력의 부족인지 원래 북페어에서 그 정도 팔리는지 다른 사람들과 비교는 하지 못했다. 다른 지역으로 멀리 이동할 땐 숙박비와 교통비도 든다. 매출이 높지 않다면 적자를 면치 못할 것 같은데 나만 빼고 다른 사람들은 다 본전은 건지고 돌아오는 건가. 꼭 그렇지만은 않을 것 같은데, 다들 다른 목적으로 북페어에 참여하는 걸까.

도대체 얼마나 팔아야 슬픈 기분이 들지 않을까 궁금해서 매출과 경비, 수입과 지출, 신청부터 행사 날까지 내가 경험한 모든 것을 세세하게 적어 '2024 북페어 결과 보고서'를 만들었다. 부산과 서울로 이동해서 참여했던 북페어는 2번, 나머지는 인근 지역이어서 교통비나 숙박비가 많이 들지 않았다. 그래서인지 전체적으로 따지면 아주 손해는 아니었다. 제작비 회수나 운영비 같은 걸 고려하지 않고 행사에서의 매출과 경비만 단순히 비교해서 말이다. 북페어에서 책이 많이 팔리면 좋겠다는 헛된 희망과 기대만 버린다면 북페어에 참여하는 경험을 기분 좋은 나들이 시간이자 직접 독자를 만나는 귀한 시간으로 삼을 수 있다. 그런데 책 판매가 목적이 아니라면 북페어에 왜 참여하는 것일까?

 홍보? 책이 팔리면 좋지만 그렇지 않더라도 행사장에 찾아온 잠재적인 독자와 서점인과 출판인 등 업계 관계자에게 나라는 사람과 작품을 알릴 수 있는 기회인 건 맞다. 그렇다면 그 목적에 맞는 활동을 해야겠지? 나는 잘 못했지만. 홍보물을 적극적으로 배포하고 관람객의 눈길을 잡아둘 수 있는 이벤트를 마련해도 좋겠다. 독립서점 부스에 찾아가 본인을 어필하고 입고 문의를 직접 하는 것도 방법이다. 매대에서 계속 그림을 그리고 있는 작가님도 있었는데 인상적인 퍼포먼스이자 강력한 마케팅 수단이라는 생각이 들었다. 멋있어 보이려고 그랬다는 후기를 읽었는데,

정말 그랬다. 멋있었고 사람들의 관심을 끌었다. 성격에 맞지 않는 판촉 활동을 열심히 하지 않아도 된다. 나는 어떻게 해야 할까 고민이 더 깊어진다.

  책 판매와 홍보 외에도 북페어는 교류의 장이 되기도 한다. 북페어에는 활발히 활동하는 제작자들이 모인다. 요즘은 어떤 주제로 어떤 형식의 책을 만드는지 시장조사 기회가 되기도 하고 자주 보는 제작자, 마음에 드는 작업을 하는 제작자와 직접 만나 이야기 나눌 수 있는 시간이기도 하다. 책 만드는 마음을 서로 잘 아는 사람들이라 그간의 노고를 위로하고 격려하고 응원하며 영감을 주고받고 책을 사고판다. 북마켓 최대 고객은 마켓에 참여한 사람들이라는 말이 있는데 어느 정도는 사실이다. 내 책 팔아 남의 책 사거나 안 팔려도 남의 책을 산다. 짧게는 하루 길게는 3일 동안 이웃으로 지낸 제작자와는 화장실에 갈 때 부스를 지켜주거나 대신 팔아주는 동지애가 발휘되기도 한다.

  책도 안 팔리는데 힘들어서 못 해 먹겠다고 북페어에 눈길을 안 줄 수는 없다. 참여한다면 수익이든, 경험이든, 재미든 뭐라도 얻기는 한다. 독립출판으로 책을 계속 만들고 판매하겠다면 생태계를 이해해야 하고 그러려면 시장의 한복판으로 들어가야 하겠다.

## 굿즈와 홍보물, 꼭 만들어야 할까

독립출판도 처음, 북페어 참여도 처음이라 무엇을 준비해야 할지 몰랐다. 관람객으로 참여한 북페어에서는 너도나도 다들 뭔가 나누어주고 있던데 나도 뭐라도 만들어야 하지 않을까 고민이 많았다.

〈소탐대전〉을 출간할 때 친구의 도움을 받아 표지 이미지로 스티커를 만들었는데 그림이 귀여워서 반응이 좋았다. 판매용은 아니더라도 스티커를 조금 더 만들기로 했다. 추가로 〈소탐대전〉에 있는 그림을 이용해서 엽서를 만들까? 어떤 그림으로 만들지, 몇 장 만들지? 무료로 배포할까, 판매할까? 뭐라도 하나 하려면 결정해야 할 게 너무 많았다. 10개의 그림을 골라 엽서를 만들겠다는 계획은 금방 철회했다. 몇 장을 찍어야 할지 고민하다 100장씩만 찍어도 합하면 1,000장인데 보관도 어려웠다. 잘 팔린다는 보장이 없으니 제작비를 회수하기도 힘들 것 같았다. 북페어를 몇 번 경험하고 나니 제작비가 좀 더 들더라도 10장 정도씩 소량만 제작하여 원가만 받고 팔아도 좋을 것 같다. 그래도 아무것도 안 하기는 좀 그래서 친구 고슴도치의 잉크젯 프린터로 조금 두꺼운 종이에 그림을 작게 뽑아서 무료로 배포하기로 했다. 결과적으로는 종류가 많으니 그림을 고르거나 보면서 부스에 머무는 시간이 생겼고 자연스럽게 그림을 소재로 대화를 이어가기도 좋았다. 그림이 예쁘니 스티커나 엽서로 만들어 달라, 사고 싶다고 말한 사람은 두 명 정도 있었다. 판매용으로 만들지 않기를 잘했다고 생각한다.

〈오늘 또 미가옥〉은 콩나물국밥집에 관한 책이니 판촉물로 나온 기성품을 열심히 검색하여 콩나물 모양의 펜을 샀다. 펜 자체가 귀여워 북페어에 나갈 때마다 많은 사랑을 받았다. 그 사랑이 책 판매로 이어지지는 않았지만. 책에 나오는 문장과 콩나물 그림으로 스티커를 만들었는데 역시 굿즈를 만들 때는 디자인이 중요한지라 초보자인 내가 서툴게 만든 스티커는 큰 관심을 받지 못했다. 판매가 안

되어도 뭐라도 줄 게 있으면 좋으니까 책을 사는 사람들에게 선물로 줬다.

요즘 창작자들은 다 인스타그램으로 자기 홍보를 하고 있으니 나도 인스타그램 주소를 알려야 했다. 무료로 나눠주는 조각 그림에 펜으로 일일이 계정 주소를 적었다. 가끔 명함을 달라는 분이 있었는데 명함이랄 게 없어서 다음엔 그것도 준비해야 하나 싶다. 다른 부스를 둘러보면서는 판매하는 책도 보지만 매대 구성이나 홍보물, 굿즈 등 아이디어를 얻었다. 홍보비를 책정한다면 스티커나 책갈피, 수첩 등을 만들어 배포하면 좋겠다. 후에 독자나 팔로워로 얼마나 이어질지는 모르지만 많이 챙겨가기는 하더라고. 그래요, 뭐라도 해야죠. 알리고 싶다면, 알리려면.

## 매대를 어떻게 꾸밀까

보통 북페어에서는 책상과 의자가 제공된다. 테이블을 덮는 천까지 주는 경우도 있지만 보통은 제작자가 테이블보도 준비해 간다. 막 펼쳐볼 수 있는 견본책도 한

권씩 잘 보이는 곳에 둔다. 책의 가격과 간단한 소개를 적어
책 앞에 붙여두거나 책 옆에 두고 입금받을 계좌번호도 잘
보이는 곳에 놓는다. 이렇게 써놓고 보면 별것 없는 거
같지만 책은 몇 권을 책상 위에 올려놓을지, 세워놓을지
눕혀놓을지 쌓아놓을지 등을 다 정해야 한다. 책 소개 글도
처음에는 현장에서 손 글씨로 썼다가 경험이 몇 번 쌓이자
타이핑해서 출력해 쓰고 다음 북페어에도 사용한다. 가끔
북페어 주최 측에서 현수막 재질로 간판을 만들어 부스에
붙여줄 때가 있는데 그것도 다음 행사 때 쓰려고 조심스럽게
떼어 왔다.

굿즈를 꼭 만들려고 했던 까닭은 판매할 책이 2권밖에
없어서였다. 책만 올려두기엔 매대가 너무 휑하지 않을까
싶어서 그림도 출력하고 스티커도 만들고 콩나물 펜도
준비했다. 무언가 만들어야 할 것 같아서 뭘 만들지
정했는데 그것보다 무엇을, 왜, 어떤 목적으로 만들지를
먼저 정했으면 좋았겠다 싶다. 북페어 부스를 나라는 작가를
소개하는 장으로 삼는다면 내가 쓴 책들을 소개해도 좋겠고,
나를 드러낼 수 있는 재미있는 이벤트를 열어도 좋다. 다만

독자를 먼저 생각해서 사람들이 뭘 좋아할 것 같으니 이걸 하자고 생각하면 반응이 없을 때 실망이 크다. 내가 하고 싶은 걸 찾아서 나를 위해 한다면 좋을 것 같았다. 이러니 영업 실적이 나빴던 거 같기도 하다. 나 말고 손님을, 독자를 먼저 생각해야 했나? 커피 내리는 것도 좋아하고 야외에서 커피를 내릴 수 있는 아름답고 귀여운 레고 블록 드립 스테이션 세트도 있으니 내가 먹을 용도로라도 커피를 내리기로 했다. 손님이 없으면 나를 위해 커피를 내려 마시고 친구 손님이 찾아오면 자랑하며 커피를 대접했다.

현장에서 판매하는 독립출판물 외에 지금까지 기성 출판으로 냈던 책을 비치했다. 전작을 알고 있는 독자를 반갑게 만나는 장점도 있었지만, 판매용으로 준비한 게 아니니 책을 사고 싶어하는 사람을 그냥 보내야 한다는 단점도 있었다. 아는 서점이 함께 북페어에 참여할 때는 지금까지 낸 책들을 서점 부스에서 팔아달라 부탁하고 내 부스로 찾아온 손님을 그쪽으로 보내기도 했다.

네 번째 북페어에 참여할 때부터는 진짜 책을 놓는 방식이 아니라 무료로 배포하는 미니진의 형태로 지금까지 쓴 책을 소개했다. 내 부스의 컨셉은 내가 자랑하고 싶은 거 다 가져다 놓기다.

경험이 쌓일수록 매대를 꾸미는 데 드는 시간은 줄었지만 매번 쉽게 하지는 못했다. 간략하게 책만 올려놓은 부스를 보면 단순하면서도 책에 눈이 가서 좋았는데 나는 이것저것 많이 올려놓아서 뭘 봐야 할지 모르겠다는 느낌도 있었다. 책상 크기에 따라서 조금씩 매대 구성을 달리했는데 참가비가 비싸 0.5부스만 신청했을 때는 60cm로 종이판을 잘라 미리 책과 안내문을 놓아보며 크기를 가늠했다. 차차 나아지겠거니 기대해본다.

**시장? 축제? 잔치? 무엇이 되었든 열심히**

# 회계 정산과 재고 파악 : 최소한의 정리

## 손익분기점을 따지진 못하더라도

 책이 팔리면 기분이 좋다. 공들여 만든 책이 독자의 선택을 받다니, 누군가 내 책을 읽는다니 신기하고 고맙고 기쁘다. 심지어 돈도 들어온다. 제작비와 배송비 등 기타 비용을 생각하면 책을 다 팔아도 수익이라고 하기엔 귀여운 금액이 남을 테지만. 평생 이고 지고 살 수는 없으니 팔아야 한다. 팔기 위해 노력해야 한다. 수익을 바라고 시작한 일이 아니더라도 손해는 보지 않았으면 좋겠다. 하고 싶은 일을 해봤으니 어느 정도는 비용이 들어도 괜찮지만 몇 부나 팔렸는지, 만드는 데 총 얼마나 들었는지, 지금까지 수입은 어느 정도인지 한 번쯤은 정리하고 넘어가야 하지 않을까.

위탁 판매 방식으로 책이 가 있는 곳이 어느 책방인지, 몇 권이 갔는지, 지금 내게 남은 책이 몇 권인지는 알고 있어야 마음이 편하다. 위탁 판매로 책을 맡겨둔 내역은 기록해두어야 서로 불편한 상황이 생기지 않는다. 재고를 확인하면서 판매 추이를 살피면 독립서점에 입고 문의를 더 할지, 북페어에 참여할지, 주문이 들어왔을 때 재쇄를 찍을지 말지 결정할 수 있고 다음 책의 인쇄 부수를 정할 때도 도움이 된다. 가끔은 총판매 부수와 판매 금액의 숫자를 보고 있기만 해도 벅차오르기도 한다. 그래, 이만큼이라도 팔아서 다행이다.

판매 현황과 재고 파악은 엑셀에 표를 만들어 관리했다. 처음이라 어떤 기준으로 정리해야 할지, 카테고리명을 뭘로 해야 할지 몰랐다. 정하기 힘들 때는 사건이 일어날 때마다 구체적으로 모든 내용을 적었다. 판매인지 증정인지, 판매라면 정가인지 할인가인지, 그래서 그게 얼마인지, 결제 방식은 현금인지 계좌 이체인지 카드 결제인지, 서점에 입고한 도서는 대금을 받은 판매인지, 사후 정산하는 위탁인지 구체적으로 기재했다. 몇 번 반복하다 보면 불필요한 내용이 뭔지 알게 되고, 정리가 된다. 수식을 만들어 전체 수량에서 증정이든 판매든 출고된 책의 수량을 빼면 재고 수량이 나온다. 이론적으로는 방 한쪽에 쌓여있는 박스 안의 숫자와 딱 맞아 떨어져야 하겠지만 일치하지 않을 수도 있다. 그래봤자 몇 권 차이 안 날 것이다. 제작 부수가 소량이라도 잘 적어두지 않으면 팔린 걸 깜빡하고 재고가 남아 있는 줄 착각할 수 있으니 표를 만들어서 정리하자.

판매 현황표에 가격을 입력해두고 공급률과 판매량 등 수식을 걸면 자동으로 총수입금액이 계산된다. 사업자등록을 하지 않은 개인이라도 별도의 전용 계좌를 두고 관리하면 총지출 금액과 총수입금액을 비교하여 대략적인 정산을 할 수 있다. 2024년을 마무리하면서 연필농부 사업 평가 보고서를 재미 삼아 써보았는데, 두 권의 독립출판물에 들어간 총비용과 총수입을 계산할 수 있었다. 비용은 인쇄비, 굿즈 제작비, 인디자인과 포토샵 등 프로그램 구독료, 포장 용품과 배송 요금, 북페어 참가비와

출장 경비 등이 지출 항목이었다. 수입은 정가 판매과 할인 판매, 도매가와 소매가, 카드 수수료를 제한 입금액으로 세부 명세에 차이가 있지만 사업장처럼 엄격하게 분석할 필요는 없었다. 북페어에 나갔을 때는 몇 권이 팔리는지, 판매 대금으로 얼마가 들어왔는지, 북페어의 경비는 얼마인지 잊어버리지 않게 바로 정리해두어야 다음 북페어 참가 여부를 결정할 때 기준이 된다. 솔직히 기준이 된다기보다는 그냥 아는 거다. 이번엔 이만큼 팔았네, 수익은 모르겠지만 매출은 알 수 있다. 팔렸으니 벌었겠지.

인쇄비를 비롯해 책 만드는 데 들어간 모든 비용을 제하고 순수익을 따지기는 어렵겠지만 일단 판매량과 수입 금액을 알아야 시작이라도 할 수 있다. 손익분기를 넘기는 판매량이 얼마큼인지 알 수는 없더라도 최소한 재고 수량은 확인해야 한다. 책 판매 금액이 들어오는 통장의 잔액으로 수입을 가늠하는 것으로도 충분하다면 말리지는 않겠는데 책을 출간하고 6개월쯤 지난 뒤에 판매 부수를 정리해 수입과 지출을 정산해보기를 권한다. 판매량과 증정 위탁 등 기타 출고량과 재고 수량, 수입과 지출, 수익금을 계산해보자.

아무리 재미로 하는 일이라지만 알고 보니 손해는 보지 않는 수준일지, 다음 책을 만들 수 있을 만큼의 수익을 벌었는지, 이 정도의 손해라면 다음 책을 만들 때도 감당할 수준일지 가늠할 수 있다. 비록 손해일지라도 나는 정확한 수치를 알아야 마음이 편했다.

**재고 관리는 할 수 있는 만큼**

epilogue

# 많은 이에게 기대어 계속 쓰고 만드는 생활

 화면 캡처 이미지도 없이 글로만 설명하는 매뉴얼이라니. 들도 보도 못한 컨셉이라도 그림을 꼭 넣고 싶었다. 글을 쓰고 책을 만들어 세상에 내놓는 과정을 연필농부의 책 농사라고 치고 각각의 과정에 어울리는 그림을 그렸다. 독립출판은 기세다. 하고 싶은 걸 맘껏 펼쳐놓고 누군가 찾아와주길 기다릴 것이다.

 〈소탐대전〉과 〈오늘 또 미가옥〉처럼 〈속속독〉을 만드는 동안에도 '독립적'으로 혼자 다 하지는 못했다. 그림과 표지 디자인은 특히 의존도가 높았고, 원고에 대한 자신감이 시간이 갈수록 떨어져 동료 작가님에게 검토를 부탁했다.

결국 마지막 순간에 제목에 '의존 출판'을 넣었다. 글을 쓸 때도 책을 만들 때도 혼자가 아니다. 서로에게 의지해 함께 한다. 이번에도 그림은 전속 비쥬얼 디렉터님인 오리 선생님의 큰 도움을 받았다. 친구에게도 애인에게도 폐를 끼치지 않고 혼자 알아서 표지 디자인을 해보고 싶었는데 현명하게도 일찍 마음을 바꾸었다. 꼭 혼자 다 해야 하는 건지도 모르겠다. 서로 이해할 수 있는 만큼, 그래도 되는 만큼, 괜찮은 만큼 의존할 생각이다.

〈소탐대전〉과 〈오늘 또 미가옥〉이 담긴 책 상자를 노려보며 이 글을 쓴다. 잘난 체하며 제작비 예산을 세워라, 발행 부수를 정해라, 편집을 꼼꼼히 해라, 라고 썼지만 몇 부를 찍을지 아직 확실히 정하지 못했다. 책에는 분명 미처 발견하지 못한 오타가 있을 것이다. 그래도 앞으로 간다.

〈속속독〉의 내용은 여기까지로 하고, 이제부터는 텀블벅 펀딩을 위한 작업에 들어간다. 잘 할 수 있겠지? '잘'까지는 바라지 말고 그냥 '하는' 데 의의를 두기로 하자. 책을 만들어 봤고, 지원사업도 받아봤고, 독립서점 입고도 해봤고, 북페어도 나가봤으니까 펀딩도 하는 거다.

앞으로도 계속 글을 쓰고 책을 만들 거니까.

지금 만드는 책이 부족하더라도 다음이 있으니까.

서로 기대어 응원하면서,

도움과 영감을 주고 받으면서 나아갑시다.

앞으로도 잘 부탁드립니다.

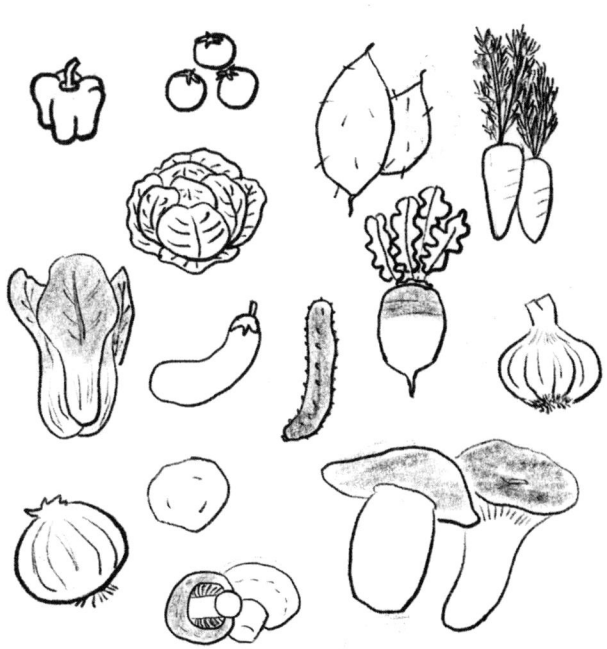

연필농부

짧은 여행과 긴 여행, 한 달 혹은 몇 년 동안 삶터로 살아온 곳곳마다 책의 씨앗을 뿌려놓고 천천히 거둡니다. 사는 곳의 이야기를 책으로 만듭니다

속속들이 독립출판
알고 보니 의존 출판
- 글 쓰는 법부터 책 만들어 파는 법까지

1판 1쇄 발행 2025년 6월 5일

글·그림 이보현
그림 지도 오리 선생
표지디자인 몽가몽가똑딱소

펴낸이 이보현
펴낸곳 연필농부
출판 등록 2016년 8월 17일 (제2024-000017호)
pencil.farmer.w@gmail.com
ISBN 979-11-988444-1-5 (03010)

ⓒ이보현, 2025